El Método Agile

Lo que Necesita Saber Sobre Gestión de Proyectos Agile, el Proceso Kanban, Pensamiento Lean, y Scrum

Tabla de contenidos

Introducción

La gestión de proyectos es la práctica de guiar los proyectos de principio a fin mientras se logran con éxito los objetivos del proyecto. La evidencia histórica sugiere que la gestión de proyectos existe desde hace siglos. La gestión de proyectos se limitó a proyectos grandes y complejos durante mucho tiempo hasta que las empresas se dieron cuenta de la necesidad de proyectos más pequeños y simples.

Se han desarrollado diferentes herramientas, metodologías y marcos de gestión de proyectos para ayudar a las empresas y equipos a desarrollar productos y servicios con éxito. Sin embargo, cada metodología, herramienta y marco tiene sus pros y sus contras. Las metodologías tradicionales de gestión de proyectos que se practicaron hasta el siglo XXI eran en gran medida lineales y secuenciales.

Las limitaciones de estas metodologías tradicionales de gestión de proyectos a menudo provocaban que los proyectos se retrasasen y costaran más de lo estimado. Había una demanda creciente de una nueva metodología de gestión de proyectos en la industria del desarrollo de software para ayudar a los equipos a entregar proyectos a tiempo mientras se ajustaban a los requisitos cambiantes de los clientes en lugar de evitarlos.

En febrero de 2001, diecisiete profesionales y expertos en desarrollo de software se reunieron en una estación de esquí en Utah. El grupo pasaría a ser conocido como La Alianza Agile. El resultado de la reunión fue la presentación del Manifiesto Agile. Esto introdujo cuatro valores y doce principios que describían una nueva metodología de gestión de proyectos destinada a resolver los desafíos que enfrentaba la industria del desarrollo de software en ese momento.

Muchas empresas de desarrollo de software adoptaron los valores fundamentales y los principios rectores. Los equipos más pequeños que trabajan en ciclos de desarrollo más cortos, al recibir regularmente comentarios de los clientes, permitieron que los proyectos estuviesen más abiertos al cambio en lugar de evitarlo. Los equipos autoorganizados y multifuncionales facilitaron la gestión de proyectos, mientras que los miembros del equipo experimentaron un aumento de productividad.

La industria del desarrollo de software adoptó Agile, y no pasó mucho tiempo antes de que otras industrias comenzaran a experimentar con los valores y principios de Agile. Aunque Agile estaba destinado a desarrollos de software, sus valores y principios se podían aplicar a cualquier entorno de equipo independientemente de la industria o el tipo de producto o servicio que estaban desarrollando. Como resultado, la metodología Agile se utiliza cada vez más en muchas industrias diferentes con gran éxito.

Scrum entra dentro del marco Agile y permite a las empresas adoptar la forma de pensar Agile sin invertir en experiencia y conocimientos previos en prácticas Agile. Si bien Agile no proporciona pasos para implementarlo, el marco Scrum proporciona pasos claros sobre cómo adoptar las prácticas Scrum, lo que facilita que los equipos adopten Agile.

El marco Scrum define los roles, las ceremonias y los artefactos que facilitan su adopción. A los roles específicos se les asignan varias responsabilidades, mientras que las ceremonias Scrum aseguran que se logren los principios Agile de las interacciones cara a cara, proporcionando a los clientes versiones incrementales del producto, y mejorando continuamente como equipo. Los artefactos Scrum proporcionan la documentación necesaria que necesitan los equipos; sin embargo, la metodología Agile no se centra demasiado en la documentación en comparación con los enfoques tradicionales de gestión de proyectos.

El Método Kanban tiene reglas que se remontan a las fábricas de Toyota en Japón, donde ayudó a Toyota a lograr altos niveles de productividad mientras reducía los costes relacionados con el mantenimiento de inventario adicional. El método Kanban se centra en limitar el *trabajo en curso* alentando a los equipos a terminar aquello en lo que están trabajando antes de comprometerse con nuevo trabajo. También se anima a los equipos a mejorar gradualmente, haciendo que Kanban sea muy similar a la forma de pensar Agile.

El Pensamiento Lean es otra filosofía que tiene muchas similitudes con la metodología Agile. Se centra en ayudar a los procesos a aumentar la productividad y la rentabilidad mediante la reducción y eliminación de desperdicios. El Pensamiento Lean describe cinco principios que pueden usarse para reducir y eliminar ocho desperdicios, lo que resulta en el mejor uso posible de los recursos. La Metodología Lean ha demostrado su eficacia en varios sectores y rápidamente se ha hecho popular entre muchas empresas modernas.

Agile es una metodología innovadora que permitió a los equipos abordar el desarrollo de productos de una manera completamente diferente. Fue capaz de resolver muchos problemas a los que se enfrentaba el mundo del desarrollo de software en ese momento y resultó útil en muchos otros sectores más adelante. Los marcos y métodos como Scrum, Kanban y Lean comparten muchas similitudes con los valores y principios Agile, pero no son lo mismo. Las prácticas Agile, Scrum, Kanban y Lean se pueden aplicar a diferentes entornos de equipo según los proyectos, los tipos de equipos y las expectativas para lograr los objetivos del proyecto con éxito.

Capítulo 1: Introducción a la Gestión de Proyectos

La gestión de proyectos se compone de objetivos con determinados plazos asignados a un equipo específico e incluye el inicio, la planificación, la ejecución, el control y el cierre del proyecto. Equipos de todo el mundo y de diferentes sectores utilizan la gestión de proyectos para lograr objetivos con limitaciones de tiempo y criterios de éxito predefinidos. Estas limitaciones de tiempo y criterios de éxito generalmente se definen antes del comienzo de un proyecto en particular.

El alcance, la calidad, el tiempo y el presupuesto son las limitaciones principales o clave de la gestión de proyectos. En otras palabras, el éxito de un proyecto se mide en gran medida por lo bien que se alinea con el alcance, calidad, tiempo y presupuesto previstos o planificados. Estas limitaciones incluyen los requisitos y expectativas del cliente y los de la empresa u organización a la que pertenece el equipo del proyecto.

Los requisitos y expectativas del cliente generalmente se recopilan y documentan antes de que comience un proyecto. Una comprensión clara de esas expectativas y requisitos permite a las partes interesadas del proyecto formar el equipo del proyecto que creará el producto final para cumplir con los requisitos y expectativas predefinidos del cliente. Por lo tanto, la recopilación y el análisis adecuados de los requisitos y expectativas del cliente juegan un papel clave para determinar el éxito de un proyecto.

Un proyecto es una misión temporal que se aplica para lograr un conjunto de objetivos durante un período específico. Por tanto, un proyecto debe tener objetivos claros en cuanto al producto o servicio que alcanzará. Además, un proyecto también debe tener una fecha de inicio y finalización.

Un proyecto puede crear o realizar mejoras en un producto o servicio existente. Un proyecto también puede ser un esfuerzo único o uno permanente. Sin embargo, dado que un proyecto debe tener una fecha de inicio y finalización, un proyecto permanente es técnicamente un proyecto que se repite al completar sus objetivos.

Por ejemplo, puede haber un proyecto donde el objetivo sea fabricar un automóvil deportivo según pautas estrictas en un mes. El equipo del proyecto puede completar el automóvil en 29 días y cerrarlo. El mismo equipo podría pasar al siguiente proyecto, que es el mismo: fabricar el mismo automóvil con los mismos requisitos y plazo. Estos proyectos se denominan proyectos permanentes.

La gestión de proyectos tiene como objetivo utilizar los recursos disponibles de un equipo para lograr los objetivos del proyecto sin demoras y sin exceder el presupuesto. La planificación de recursos incluye personal, finanzas, tecnología y propiedad intelectual. La gestión de proyectos también tiene como objetivo cumplir con los requisitos y expectativas predefinidos del cliente y, al mismo tiempo, facilitar algunos cambios en esos requisitos y expectativas a lo largo del proyecto.

El trabajo de un director de proyecto es utilizar una metodología de gestión de proyectos adecuada para iniciar, planificar, ejecutar, controlar y cerrar el proyecto dentro del plazo permitido. En la mayoría de las metodologías, el director del proyecto determina cuándo se completarán ciertos componentes del proyecto y qué miembros del equipo contribuirán a esas tareas. Algunas metodologías de gestión de proyectos involucran a equipos más pequeños que toman esas decisiones e inician y ejecutan tareas.

1.1 Historia de la Gestión de Proyectos

Los registros antiguos demuestran que a los funcionarios se les asignaron funciones de gestión para completar diferentes secciones de la Gran Pirámide de Giza construida por los faraones. La construcción de las cuatro caras de la Gran Pirámide se asignó a diferentes gerentes, quienes se aseguraron de que se completaran a tiempo. Esto habría implicado planificación, ejecución y control.

La Gran Muralla China es otro proyecto enorme que habría requerido muchas habilidades de gestión. Los datos históricos indican que los trabajadores se dividieron en tres grupos o categorías principales: soldados, plebeyos y criminales. Estos grupos, que ascendían a millones de personas, se gestionaban por separado. Por lo tanto, existe evidencia concreta que sugiere que ciertos niveles de gestión de proyectos han existido durante miles de años.

La industria de la ingeniería civil en la década de 1950 aplicó por primera vez prácticas de gestión de proyectos; sin embargo, se limitaron a proyectos complejos. Las prácticas no se aplicaron para proyectos más pequeños en ese momento. Durante la siguiente década, la gestión de proyectos se expandió a muchos otros campos de la ingeniería.

Henry Laurence Gantt, un ingeniero mecánico estadounidense que creó el diagrama de Gantt en 1917, fue uno de los pioneros de la gestión científica y las prácticas de gestión de proyectos. Los diagramas de Gantt se hicieron populares como una herramienta para guiar proyectos, e introdujo muchas otras técnicas y herramientas para ayudar a planificar y controlar proyectos. Henri Fayol, un ingeniero francés, también presentó las cinco funciones de gestión de proyectos, que sentaron las bases para la gestión de proyectos en los años venideros.

La era de la gestión de proyectos moderna surgió en la década de 1950, con muchos campos centrales de la ingeniería contribuyendo a su evolución. La gestión de proyectos fue reconocida como una práctica y disciplina importante en muchos sectores de la ingeniería en esta época. Los diagramas de Gantt se utilizaron para gestionar la mayoría de los proyectos junto con varias herramientas informales antes de la década de 1950. Sin embargo, en esta época surgieron dos modelos de programación de proyectos que cambiaron la forma en que se llevaba a cabo la gestión de proyectos.

Este método de la ruta crítica (CPM) fue uno de esos métodos matemáticos. Fue desarrollado a través de una empresa conjunta entre Remington Rand Corporation y DuPont Corporation. El CPM ganó popularidad rápidamente y se utilizó para gestionar proyectos de mantenimiento de plantas.

La Técnica de Evaluación y Revisión de Programas (PERT) fue el otro modelo de programación de proyectos que surgió. Fue un modelo creado por la Oficina de Proyectos Especiales de la Marina de los Estados Unidos junto con Booz Allen Hamilton y Lockheed Corporation para el programa de submarinos de misiles Polaris. CPM y PERT tienen muchas similitudes; sin embargo, tienen numerosas distinciones que las hacen más o menos adecuadas para determinados proyectos o industrias.

El CPM se utilizó para administrar proyectos que tienen marcos de tiempo predefinidos para diferentes tareas. El PERT, por otro lado, fue ampliamente utilizado en proyectos con plazos inciertos. Muchas entidades privadas de diferentes industrias comenzaron rápidamente a usar el CPM y el PERT para administrar diferentes proyectos según sus características.

Se introdujeron diferentes técnicas para estimar y administrar el costo de los proyectos con Hans Lang liderando el camino. La Asociación Americana de Ingenieros de Costos fue formada en 1956 por personas y empresas que utilizaban diferentes herramientas y metodologías de gestión de proyectos. La organización ahora se conoce como la Asociación para el Mejoramiento de la Ingeniería de

Costos (AACE). Las prácticas que involucran planificación, estimación de costos, programación, control de costos y control de proyectos han sido guiadas durante décadas por la AACE.

El Departamento de Defensa de los Estados Unidos desarrolló el concepto de Estructura de Desglose del Trabajo (WBS) para el proyecto de misiles balísticos Polaris. Se publicó una vez finalizado el proyecto y se ordenó su uso en proyectos futuros del mismo tamaño y alcance. La WBS es una estructura jerárquica para tareas y entregables que deben completarse para cerrar un proyecto en particular. El método fue adoptado más tarde por el sector privado y sigue siendo una herramienta de gestión de proyectos muy útil hasta la fecha.

La Asociación Internacional de Gestión de Proyectos (IPMA) se formó en Viena en 1965. Actuó como un foro para que los directores de proyectos compartieran información, con más de 50 asociaciones de gestión de proyectos de todo el mundo uniéndose a su red. La IPMA tiene la intención de desarrollar la profesión de gestión de proyectos con una membresía superior a 120.000 en 2012.

El Instituto de Gestión de Proyectos (PMI), formado en 1969 en los Estados Unidos, tenía como objetivo mejorar la ciencia, la práctica y la profesión de la gestión de proyectos. El primer simposio de PMI se llevó a cabo en Atlanta, Georgia, el mismo año con 83 asistentes. Desde entonces, el instituto ha dado grandes pasos al ser altamente reconocido en todo el mundo por publicar *Una Guía para el Cuerpo de Conocimiento de la Gestión de Proyectos* (PMBOK), que actúa como una herramienta esencial para los directores de proyectos. Incluye diferentes prácticas de gestión de proyectos adecuadas para "la mayoría de los proyectos, la mayor parte del tiempo".

El Instituto de Gestión de Proyectos también comenzó a emitir certificados para expertos en gestión de proyectos que contribuyeron en gran medida al reconocimiento mundial de la gestión de proyectos como profesión y experiencia. Los dos certificados de gestión de proyectos del PMI son el de Profesional de Gestión de Proyectos

(PMP) y el de Asociado Certificado en Gestión de Proyectos (CAPM).

Simpact Systems Limited creó PROMPT II en 1975 como respuesta al clamor por una solución para abordar proyectos que extienden las fechas de entrega y exceden los presupuestos, especialmente en la industria de las tecnologías de la información. PROMPTII establece pautas sobre la forma en que fluyen las etapas en un proyecto informático. La Agencia Central de Computación y Telecomunicaciones (CCTA) del Gobierno del Reino Unido adoptó PROMPT II para todos sus proyectos de sistemas de información en 1979.

El autor, filósofo y líder empresarial, Dr. Eliyahu M. Goldratt, introdujo la Teoría de las Restricciones (TOC) en su libro *La Meta* en 1984. La filosofía de gestión tenía como objetivo ayudar a las empresas a alcanzar continuamente sus objetivos. La teoría tiene como objetivo identificar las limitaciones que impiden que los proyectos logren sus objetivos. El proceso utiliza cinco pasos para reestructurar una organización en torno a las limitaciones que se identifican. Los algoritmos y la filosofía detrás de TOC sentaron las bases para el desarrollo de la Gestión de Proyectos de Cadena Crítica.

Scrum fue reconocido como un estilo de gestión de proyectos en un artículo titulado "El nuevo juego de desarrollo de nuevos productos", escrito por los profesores Hirotaka Takeuchi e Ikujiro Nonaka en 1986. Scrum estaba inicialmente destinado a la gestión de proyectos en el desarrollo de software. Sin embargo, más tarde se hizo popular como un enfoque general de gestión de proyectos que se utilizó en muchos sectores diferentes.

La Gestión del Valor Ganado (EVM) fue reconocida como una técnica de gestión de proyectos solo a finales de los 80 y principios de los 90; sin embargo, el concepto se ha utilizado en las fábricas desde los albores del siglo XX. El EVM se convirtió en una parte clave de la gestión y adquisiciones del programa con el ascenso del liderazgo de EVM a Subsecretario de Defensa para Adquisiciones en 1989. EVM detectó problemas de desempeño en el programa Navy McDonnell

Douglas A-12 Avenger II, lo que resultó en la cancelación del programa por parte de Secretario de Defensa, Dick Cheney, en 1991.

El método Projects IN Controlled Environments (PRINCE), desarrollado a partir de PROMPT II, se convirtió en el estándar para todos los proyectos de sistemas de información del gobierno del Reino Unido en 1989. Sin embargo, PRINCE pronto se conoció como un enfoque rígido que solo era aplicable a proyectos limitados, como los proyectos más grandes.

Estas limitaciones se abordaron más adelante en 1996 con la introducción de PRINCE2. Mientras que PRINCE se desarrolló principalmente para proyectos de tecnología de la información y sistemas de información, PRINCE2 era más genérico. Como resultado, fue adoptado por empresas de muchos sectores diferentes. PRINCE2 también fue más aplicable a proyectos de diferentes escalas que contribuyeron a su popularidad.

La Gestión de Proyectos de Cadena Crítica (CCPM) fue inventada por Eliyahu M. Goldratt en 1997. Se basó en algoritmos y métodos en la Teoría de Restricciones (TOC) publicados por Goldratt en 1984. CCPM tiene como objetivo mantener los recursos uniformes al tiempo que garantiza la flexibilidad cuando se trata de tiempos de inicio de diferentes tareas para que un proyecto se ejecute según lo programado. PMBOK fue reconocido como estándar por el Instituto Nacional Estadounidense de Estándares (ANSI) en 1998. El Instituto de Ingenieros Eléctricos y Electrónicos (IEEE) también hizo lo mismo ese año.

Diecisiete expertos en software se reunieron en el resort The Lodge en Snowbird, Utah, en febrero de 2001 para discutir y compartir conocimientos sobre metodologías ligeras de desarrollo de software. Esta reunión resultó en la publicación del *Manifiesto para el Desarrollo de Software Agile*. Definió el enfoque Agile, con algunos de los autores del manifiesto pasando a formar La Alianza Agile, una organización sin ánimo de lucro centrada en promover el desarrollo de software en línea con los doce principios básicos introducidos en el manifiesto.

AACE International introdujo el Marco de Gestión de Costos Totales en 2006 que se centró en aplicar los conocimientos y habilidades de la ingeniería de costos. La cuarta edición de la Guía del PMBOK se publicó en 2008. En 2009 se realizó una revisión clave de PRINCE2, lo que hizo que el método fuera más personalizable y más simple. El método actualizado ofrece a los gerentes de proyectos siete principios para completar proyectos dentro del presupuesto, a tiempo y con la calidad adecuada.

La Organización Internacional de Normalización en 2012 publicó la norma ISO 21500: 2012, *Orientación sobre Gestión de Proyectos*, como resultado del trabajo realizado durante cinco años con contribuciones de expertos de más de 50 países. El estándar puede ser utilizado por cualquier organización, privada, pública o comunitaria, y cualquier tipo de proyecto independientemente de su tamaño, duración y complejidad.

La quinta edición de la Guía del PMBOK se publicó en 2012. La quinta edición introdujo características y reglas que se consideran buenas prácticas en la gestión de proyectos. También incluye la Gestión de Partes Interesadas del Proyecto, la décima área de conocimiento de la guía y cuatro nuevos procesos de planificación.

Capítulo 2: Gestión de Proyectos Agile

Agile es un enfoque de gestión de proyectos flexible y moderno. Permite dividir proyectos más grandes en tareas más simples y manejables que luego se completan en iteraciones cortas conocidas como *sprints*. Agile permite que un equipo se adapte al cambio y complete el trabajo rápidamente.

El enfoque de gestión de proyectos Agile puede parecer difícil de gestionar y algo complejo. Sin embargo, la mayoría de las empresas, equipos y gerentes de proyectos a menudo practican muchos enfoques y principios Agile sin saberlo. Por lo tanto, adoptar Agile puede no ser tan difícil como parece.

Agile fue desarrollado para resolver diferentes desafíos a los que se enfrentaban los proyectos de desarrollo de software en sus inicios. Sin embargo, hoy en día, Agile se utiliza para administrar proyectos, no solo en el campo de la tecnología de la información, sino también en la construcción, la educación, el marketing, etc. Por tanto, muchas empresas pueden beneficiarse de la adopción de Agile independientemente del sector al que pertenezcan.

Formar y emplear equipos que siguen la metodología Agile suele ser simple, lo que facilita que las organizaciones adopten Agile. Sin embargo, es importante recordar que cada equipo Agile es diferente de otro. Por lo tanto, una comprensión profunda de los conceptos básicos de Agile es importante para que los principios y valores Agile que funcionan para ese equipo en particular se puedan enfatizar y mejorar mientras se resuelven los puntos débiles.

Las metodologías de gestión de proyectos más tradicionales, como el modelo Waterfall, abordan un proyecto de modo que el producto final se desarrolla como una sola pieza. Agile, por otro lado, adopta un enfoque diferente al dividir el desarrollo del producto en incrementos más pequeños. Por lo tanto, Agile requiere menos planificación y diseño inicial y, al mismo tiempo, es más fácil de administrar y entregar a tiempo sin salirse del presupuesto.

Por ejemplo, el método de gestión de proyectos Waterfall abordará la construcción de una casa de principio a fin con una fecha de entrega y un producto final en mente. Sin embargo, cuando se trata de Agile, la construcción de la casa se divide en piezas más pequeñas, como los cimientos, las paredes, el techo, el interior y el exterior. Cada uno de estos incrementos tendrá fechas de vencimiento predefinidas.

Dividir un proyecto más grande en partes más pequeñas y manejables es algo que muchas personas practican todos los días. Por ejemplo, alguien rara vez limpiaría toda su casa como un solo proyecto con una idea de una hora o fecha para finalizar la tarea en cuestión. En cambio, muchos lo dividen en incrementos más pequeños: cocina, sala de estar, dormitorios, etc. Esto les ayuda a administrar mejor el trabajo y hacer las cosas rápidamente sin tener que tratar de limpiar toda la casa de una sola vez.

En Agile, los incrementos en los que se desglosan los productos se denominan *iteraciones* o *sprints*. Estas iteraciones están *encuadradas en el tiempo*, lo que significa que tienen una fecha de inicio y finalización fija, donde el equipo trabaja para lograr los objetivos predefinidos para ese incremento en particular. Un incremento puede durar de una semana a cuatro semanas, dependiendo de las prácticas seguidas por el equipo u organización.

Cada iteración es llevada a cabo por un equipo *multifuncional*. Un equipo multifuncional es aquel que se ocupa de la planificación, el diseño, el análisis, el desarrollo y las pruebas. Por lo tanto, los miembros del equipo que posean las habilidades necesarias para cubrir todas estas áreas deben estar incluidos en un equipo Agile. Por ejemplo, en una empresa de desarrollo de software, un equipo Agile debe incluir analistas de negocios, arquitectos, desarrolladores e ingenieros de control de calidad.

El final de cada iteración deja un producto funcional que puede presentarse al resto de las partes interesadas del proyecto. Esta es una de las características más importantes de Agile. Se mantiene una versión funcional del producto final al término de cada iteración. De hecho, puede que no tenga todas las características del producto final; sin embargo, las partes interesadas podrán ver cómo se desarrolla el producto sin tener que esperar hasta el final.

Hay menos riesgos asociados con la gestión de proyectos Agile porque los incrementos o versiones funcionales del producto se completan al final de cada iteración. Hacerlo permite al equipo asegurarse de que están desarrollando un producto que cumpla con los requisitos y expectativas del cliente.

Cualquier error o variación de los requisitos y expectativas se puede identificar al final de una iteración, ya que las partes interesadas pueden ver una versión funcional del producto. Solucionar estos problemas es mucho menos costoso que identificarlos en una etapa posterior del desarrollo del producto o al final.

Por ejemplo, cuando se construye una casa utilizando el enfoque Agile, las partes interesadas podrán ver los cimientos, las paredes, el techo, etc., al final de cada incremento. Si hay algo que no cumple con los requisitos y expectativas del cliente, se puede señalar y el equipo puede corregir esos errores en la siguiente iteración.

Sin embargo, si la casa se construye con el método Waterfall, el cliente solo puede ver una versión funcional de la casa al final de la construcción. Como tal, si una determinada característica del techo no está de acuerdo con los requisitos o expectativas del cliente, el equipo excederá el presupuesto y los plazos de entrega y es posible que deba rehacer parte del trabajo en el interior y el exterior mientras se arregla el techo.

La metodología Agile también se centra en mejorar la comunicación entre los miembros del equipo. Se prescribe que los equipos se instalen cerca unos de otros en una oficina para comunicarse de manera eficiente. Esto reduce la necesidad de métodos de comunicación que consumen mucho tiempo, como llamadas, chats y correos electrónicos.

Cada equipo Agile tiene un miembro del equipo que representa a ese cliente. Las partes interesadas dan su consentimiento a este miembro del equipo en particular para tomar decisiones en su nombre cuando se trata del trabajo que realiza el equipo a diario. La misma persona también debe estar disponible para responder cualquier pregunta y proporcionar aclaraciones cuando sea necesario durante las iteraciones.

El final de una iteración proporciona una versión funcional del producto o un incremento de producto. El equipo del proyecto y las partes interesadas se reúnen para revisar el incremento del producto y asegurarse de que el producto que se está desarrollando se alinea con los requisitos y expectativas del cliente. Agile es una metodología de gestión de proyectos que se puede utilizar con éxito en empresas pertenecientes a diversos sectores o industrias. Cuando se implementa correctamente, puede llevar a los equipos hacia resultados altamente satisfactorios.

2.1 Qué es El Manifiesto

Los trabajadores, las empresas y los clientes se sentían cada vez más frustrados en la década de 1990 con los métodos de gestión de proyectos existentes, como Waterfall. Los productos finales eran muy diferentes de los requisitos iniciales del cliente. Muchos proyectos se retrasaron y algunos incluso se cancelaron debido a que los clientes no estaban satisfechos con el desempeño de las empresas.

La mayoría de los equipos de desarrollo estaban más preocupados por la documentación que por desarrollar productos que cumplieran con los requisitos y expectativas del cliente. Más importante aún, las metodologías tradicionales de gestión de proyectos no pudieron adaptarse lo suficientemente bien a las demandas cambiantes de sus clientes. Los trabajadores, específicamente los desarrolladores de software, tampoco eran tan versátiles.

Había un consenso creciente en la industria del desarrollo de software de que la mayoría de las empresas estaban desperdiciando recursos al concentrarse en las cosas menos importantes. Los métodos que se estaban utilizando no funcionaban para todos los proyectos y era necesario inventar una nueva metodología. Se necesitaba un enfoque innovador y moderno, para que los equipos pudieran ser más independientes y abiertos al cambio, con mayor productividad y eficiencia.

Como se mencionó anteriormente, diecisiete personas se reunieron en The Lodge en Snowbird. Fueron allí para relajarse, comer, beber, esquiar y, lo que es más importante, encontrar puntos en común. El resultado fue la aparición del Manifiesto Agile para el Desarrollo de Software.

El documento contenía cuatro valores fundamentales y doce principios que se prescriben para el desarrollo de software Agile. Era una alternativa para las metodologías de gestión de proyectos impulsadas en gran medida por la documentación y los procesos pesados que estaban resultando infructuosos para muchos tipos de proyectos.

Este grupo, La Alianza Agile, publicó el *Manifiesto Agile* que incluía los cuatro valores y doce principios que recomendaban para el desarrollo de software Agile. Cabe señalar que muchos de los valores y principios Agile habían sido practicados por los expertos que pertenecían al grupo durante años. Sin embargo, el manifiesto hizo que su visión fuera más concreta, lo que dio lugar a que tomara por asalto el mundo del desarrollo de software.

El equipo que trabajó en el Manifiesto Agile incluyó a muchos expertos y profesionales como:

- Kent Back y Ron Jeffries, quienes co-crearon eXtreme Programming (XP)
- Andrew Hunt y Dave Thomas, coautores de *El Programador Pragmático*
- Ken Schwaber y Jeff Sutherland, quienes co-crearon el marco Scrum
- Mike Beedle, coautor de *Desarrollo de software ágil con Scrum*
- Alistair Cockburn, el creador de la Metodología Agile Crystal
- Kern, quien era un prominente evangelista tecnológico de procesos ligeros en ese momento
- Robert C Martin, también conocido como "Tío Bob", un destacado ingeniero e instructor de software estadounidense
- Arie van Bennekum, propietario de Integrated Agile
- Martin Fowler, socio de Thoughtworks
- Jim Highsmith, el creador de Adaptive Software Development (ASD)
- Brian Marick, autor y experto en pruebas de software
- Mellor, inventor del Análisis de Sistemas Orientado a Objetos (OOSA)
- Ward Cunningham, desarrollador del primer Wiki
- James Grenning, autor de Desarrollo Basado en Pruebas

Estos hombres dieron a luz el *Manifiesto Agile* que más tarde cambiaría la forma en que muchas empresas gestionan proyectos.

2.2 ¿Es Agile solo para el desarrollo de software?

Es justo decir que la mayoría de las personas que conocen la gestión de proyectos Agile tienen experiencia en la industria del desarrollo de software. Cualquiera que lea el Manifiesto Agile entendería claramente que la metodología Agile fue pensada para las prácticas de desarrollo de software. Un vistazo a los miembros de La Alianza Agile también dejaría claro que los valores y principios surgieron en el mundo del desarrollo de software.

De hecho, puede que Agile haya sido creado por un colectivo de expertos en software con la industria del desarrollo de software en mente. Sin embargo, eso no limita Agile a la industria del software, ya que sus valores y principios se pueden aplicar fácilmente a una amplia gama de tipos de proyectos e industrias.

La gestión Agile de proyectos se centra en ofrecer valor a lo largo de la duración de un proyecto en lugar de solo al final. También está muy abierto al cambio y es mejor que muchas metodologías de gestión de proyectos cuando se trata de responder al cambio. Agile también promueve la creatividad y la innovación mientras se mantiene el desarrollo controlado de los productos.

Estos son desafíos que están presentes no solo en el desarrollo de software sino también en muchas otras industrias. Por lo tanto, Agile se puede utilizar en numerosos sectores e industrias además de su uso popular en el desarrollo de software.

2.3 Valores fundamentales y Principios de Agile

Los cuatro valores fundamentales de Agile

Una de las principales razones de la reunión de La Alianza Agile en 2001, y el Manifiesto Agile, fue abordar los muchos desafíos que enfrentaba la industria del desarrollo de software. Por lo tanto, los cuatro valores fundamentales mencionados en el Manifiesto Agile se centran en lo que un equipo debe hacer y evitar en un entorno Agile. Estas cuatro recomendaciones sientan las bases de cómo funcionan los equipos Agile y cómo los miembros del equipo interactúan entre sí y con las partes interesadas.

Personas e Interacciones sobre Procesos y Herramientas

La metodología Agile otorga más valor a las personas que a las herramientas y los procesos. La lógica básica detrás de este valor es que las personas y las interacciones que involucran a personas son más fáciles de entender que las herramientas y los procesos. Es un reconocimiento de la fuerza impulsora óptima de un proceso de desarrollo, que son las interacciones humanas en lugar de los procesos y herramientas.

Cuando los procesos y las herramientas impulsan el desarrollo de un producto, el equipo se vuelve más débil a la hora de responder al cambio. Como resultado, a menudo no cumplen con los requisitos y expectativas del cliente. Sin embargo, cuando el desarrollo es impulsado por los individuos y sus interacciones, pueden adaptarse mejor al cambio y, de este modo, es más probable que cumplan con los requisitos y expectativas del cliente.

Por ejemplo, los procesos y las herramientas a menudo complican innecesariamente la comunicación entre las personas. Sin embargo, cuando las herramientas se eliminan de la ecuación y se alienta a los miembros del equipo a comunicarse en persona, la comunicación se vuelve más efectiva y eficiente. Agile también fomenta la comunicación siempre que surja la necesidad en lugar de seguir un proceso en el que la comunicación está programada y limitada a un contenido específico. Esto contribuye a que los equipos sean más receptivos al cambio en entornos Agile.

Software Funcional Sobre Documentación Completa

Había una inmensa cantidad de documentación involucrada en el proceso de desarrollo de software cuando Agile se presentó al mundo en 2001. Se dedicó una gran cantidad de tiempo a crear varios documentos, como requisitos técnicos, especificaciones, prospectos, documentos de diseño con interfaz de usuario, pruebas y planes de documentación y documentos de aprobación. Una cantidad sustancial de documentación que existía en el desarrollo de software contribuyó a grandes retrasos en el desarrollo de productos, y los proyectos también superaron sus presupuestos.

El *Manifiesto Agile* enfatiza la entrega de software funcional en lugar de una documentación completa. La documentación no se elimina por completo en Agile; sin embargo, está simplificado para que aquellos que contribuyen al desarrollo del producto puedan trabajar sin verse empantanados por el trabajo de documentación.

Por lo tanto, debe destacarse que Agile requiere cierta documentación, pero pone el foco principal en entregar versiones funcionales del producto en lugar de documentación. Por ejemplo, las historias de usuario son un tipo de documento que permite a los desarrolladores crear nuevas funcionalidades. Por lo tanto, las historias de usuario son necesarias en Agile.

Colaboración Con El Cliente Sobre Negociación Contractual

Antes de la creación de la gestión de proyectos Agile, el director del proyecto y el cliente se reunían y negociaban cuándo se entregaría el producto y los detalles de la entrega. Los requisitos del producto también se negociaban en detalle antes de comenzar cualquier trabajo. También habría ciertos puntos en el proyecto donde se reunirían y renegociarían en base al progreso.

En metodologías de gestión de proyectos como Waterfall, el cliente estaba involucrado en el proceso al principio y al final. Nunca estaban involucrados durante el tiempo en el que se desarrollaba el producto. Había una necesidad de colaboración del cliente durante la fase de desarrollo del producto, y fue abordado por el *Manifiesto Agile*.

Agile recomendó que los gerentes de proyectos colaboren con los clientes en lugar de negociar contratos. El cliente participa en todo el proceso de desarrollo, lo que facilita a los directores de proyectos y desarrolladores la entrega de un producto final que cumpla con los requisitos y expectativas del cliente. Agile puede dictar los intervalos en los que los clientes pueden colaborar, pero algunos proyectos pueden implicar que los clientes asistan a todas las reuniones, especialmente cuando se trata de proyectos complejos.

Respuesta Ante El Cambio Sobre Seguir Un Plan.

El cambio se consideraba un gasto en la gestión de proyectos tradicional, especialmente en el desarrollo de software. Como resultado, la mayoría de las metodologías tradicionales de gestión de proyectos ponen mucho énfasis en el desarrollo de planes elaborados. Se asignó una gran cantidad de tiempo y recursos para reunir los requisitos y expectativas del cliente y las características de diseño que satisfarían esas necesidades.

La idea era hacer la mayor planificación posible para que hubiera menos cambios. El enfoque puede parecer bueno sobre el papel, pero carecía de practicidad. Los requisitos y expectativas de los clientes a menudo se malinterpretaban o no se entendían correctamente, lo que requería cambios incluso después de invertir una cantidad significativa de recursos para evitar tales incidentes. Algunos requisitos y expectativas de los clientes también cambiaban durante el proceso de desarrollo, lo cual requería cambios.

Por lo tanto, muchos gerentes de proyectos comenzaron a darse cuenta de que el cambio era inevitable en el desarrollo de software. Eso puede haber resultado en que el *Manifiesto Agile* se enfocara más en responder al cambio en lugar de seguir estrictamente un plan. La gestión Agile de proyectos requiere que los equipos respondan al cambio en lugar de evitarlo. El enfoque ayuda a los equipos a encontrar soluciones rápidamente mientras desarrollan un producto más útil y satisfactorio.

Los 12 Principios de Agile

Como se ha mencionado, el *Manifiesto Agile* describió doce principios que los equipos deben seguir en la implementación de la gestión de proyectos Agile. Estos principios se centran en crear y fomentar una cultura que sea más acogedora al cambio, con el cliente más involucrado en el proceso de desarrollo, especialmente en comparación con los enfoques tradicionales de gestión de proyectos. Los principios también se centran en hacer que el desarrollo de productos esté más alineado con las necesidades de las empresas.

1. Satisfacción del cliente mediante la entrega temprana y continua de software de valor.

Las metodologías tradicionales de gestión de proyectos solo permiten que el cliente utilice y experimente el producto una vez finalizado. Por lo general, el producto se revisa y se prueba a fondo antes de llevarlo al cliente. Esto significa que el cliente no tiene contacto con el producto hasta que se haya completado. El cliente no suele estar involucrado durante la fase de desarrollo del producto, lo que dificulta que el equipo de desarrollo introduzca cambios en el producto, incluso si lo considera necesario.

Mantener al cliente involucrado durante todo el desarrollo del producto, especialmente en una etapa temprana, es una de las mejores formas de hacerlos felices. Los clientes reciben pequeños incrementos del producto al final de cada sprint desde una etapa inicial de desarrollo. Pueden observar detenidamente el producto y solicitar cambios si es necesario. El equipo de desarrollo puede realizar esos cambios en el producto sin que esos cambios cuesten demasiados recursos.

En los enfoques tradicionales de gestión de proyectos, existe una gran brecha entre la documentación y la finalización del producto, momento en el que el cliente proporciona comentarios. Sin embargo, en Agile, esta brecha se acorta, y el cliente proporciona comentarios con frecuencia para que el producto final sea algo que el cliente realmente desea en lugar de lo que el cliente planeó al inicio del proyecto.

2. Acepte los requisitos cambiantes, incluso en las etapas de desarrollo tardías.

Existe la posibilidad de que los directores de proyecto interpreten incorrectamente los requisitos y expectativas de un cliente. En la gestión de proyectos tradicional, estos errores solo se identificarían al final del proyecto, lo que requiere una gran cantidad de trabajo para realizar los cambios necesarios. En la gestión de proyectos Agile, es probable que los clientes soliciten la mayoría de los cambios cuando aún se pueden gestionar con recursos mínimos.

Agile recuerda a los equipos que el cambio es inevitable. Por lo tanto, los equipos son más receptivos a los requisitos cambiantes en lugar de temerlos. Cuando se solicita un cambio, los equipos se encargan del cambio en la siguiente iteración sin que cause más daño o requiera más tiempo para corregirlo más adelante.

Una solicitud de cambio por parte de un cliente durante las últimas etapas de desarrollo generalmente significa que el equipo de desarrollo deberá dedicar esfuerzo y tiempo adicionales para realizar ese cambio. Sin embargo, Agile recomienda que los equipos agradezcan los cambios, incluso en las últimas etapas del desarrollo, para que se desarrolle un gran producto mientras se satisface al cliente.

3. Entregar software funcional con frecuencia (semanas en lugar de meses).

Este principio requiere que el proceso iterativo en el enfoque Agile consista en marcos de tiempo más pequeños, idealmente cada pocas semanas en lugar de meses. Este proceso iterativo no solo mejora el desempeño de los equipos, sino que también involucra al cliente con más frecuencia. Se entrega un incremento de trabajo del producto al final de cada etapa, momento en el que el cliente lo revisará. Cuanto más corto sea el período de tiempo entre iteraciones, más eficientes serán los equipos y con menos espacio para alejarse de los requisitos del cliente.

Este principio a menudo se confunde con el primer principio, que establece que los equipos deben centrarse en lanzar productos funcionales pronto. Sin embargo, el tercer principio destaca la importancia de lanzamientos más pequeños y constantes. Cuando una versión es pequeña, hay menos espacio para errores. Por ejemplo, en el escenario del software, es posible que una versión más pequeña no dé lugar al descubrimiento de muchos errores y que el cliente no necesite ningún cambio. Incluso los errores y cambios acordados se pueden solucionar rápidamente en la siguiente iteración mientras se avanza con el producto.

Los lanzamientos regulares brindan al cliente oportunidades periódicas para proporcionar comentarios sobre el producto que se está desarrollando. Si se lanza un producto funcional cada semana, el equipo termina recibiendo comentarios cada semana del cliente, lo que les ayuda a mantenerse en el camino correcto. Si un producto que funciona solo se lanza cada dos meses, existe una mayor posibilidad de errores y variaciones de las expectativas del cliente debido a la falta de comentarios recibidos.

4. Cooperación estrecha y diaria entre empresarios y desarrolladores.

Una de las mayores fallas de las metodologías tradicionales de gestión de proyectos es que la mayoría de las partes interesadas desconocen el producto que se está desarrollando durante la etapa de desarrollo del proyecto. Quienes contribuyen directamente al desarrollo del proyecto generalmente se mantienen alejados de los empresarios, incluidos los clientes. Por ejemplo, en las metodologías tradicionales de desarrollo de software, los desarrolladores de software apenas interactúan con la gente de negocios. Esto da como resultado que los equipos pasen casualmente por las etapas de desarrollo sin que el cliente vea el producto al que están dando forma.

Sin embargo, Agile recomienda que las partes interesadas se involucren más, especialmente durante las etapas de desarrollo, de modo que se pueda desarrollar un producto final de gran valor con comentarios frecuentes. Se recomienda eliminar las barreras que se interponían entre los desarrolladores y los empresarios, con la interacción entre ellos todos los días; hacerlo da como resultado una mayor transparencia, comprensión y respeto.

5. Los proyectos se basan en personas motivadas en las que se debe confiar.

Una de las principales razones de muchas fallas en la gestión de proyectos tradicional es la microgestión de los miembros del equipo por parte de los directores de proyecto y otros. Los miembros del equipo de microgestión a menudo disminuyen la moral y actúan como una barrera contra la creatividad y la innovación. Los proyectos que se basan en miembros del equipo que carecen de motivación a menudo terminan con decepciones.

Agile aborda este problema confiando en los miembros del equipo en lugar de microgestionarlos. Hay una buena razón por la que se ha formado el equipo en particular. Por tanto, requieren confianza. Poner la confianza en los equipos los motiva a trabajar de manera eficiente y eficaz. El trabajo se supervisa, pero los miembros del equipo se dejan solos tanto como sea posible.

En un entorno así, los miembros del equipo tienen confianza. A menudo expresan sus opiniones y comparten sus conocimientos con otros, lo que allana el camino para soluciones creativas e innovadoras. Un individuo motivado es un mejor jugador de equipo. Por lo tanto, los entornos Agile conducen a un mejor rendimiento del equipo.

6. Una conversación cara a cara es la mejor forma de comunicación (coubicación).

Las metodologías tradicionales de gestión de proyectos se centraron mucho en la documentación de conversaciones, la programación de reuniones, los intercambios de correo electrónico y las herramientas colaborativas. Sin embargo, estos métodos a menudo cuestan tiempo, a pesar de que parecen hacer que los equipos sean más eficientes. El *Manifiesto Agile* identificó este obstáculo y la solución fue reconocer las interacciones cara a cara como la mejor forma de comunicación.

En un entorno más tradicional, un miembro del equipo puede estar más concentrado en documentar una conversación o su resultado en lugar de entenderlo. Puede haber tiempo perdido entre correos electrónicos, notas e interacciones utilizando herramientas colaborativas. Se puede perder un tiempo valioso para actuar mientras los miembros del equipo esperan la próxima reunión programada. Todo esto se puede solucionar con sencillas conversaciones cara a cara.

De hecho, muchas organizaciones tienen empleados que trabajan de forma remota. En tales escenarios, las conversaciones cara a cara pueden no parecer la forma más práctica para que los equipos se comuniquen. Sin embargo, herramientas como Skype y Zoom permiten a los equipos comunicarse cara a cara independientemente de dónde se encuentren físicamente. Por lo tanto, en el mundo moderno, un equipo no necesita estar en la misma sala para tener una conversación cara a cara.

7. El software funcional es la principal medida de progreso.

Antes de la creación de Agile, se usaban diferentes factores para medir el progreso de un proyecto. Sin embargo, la mayoría de estos factores simplemente alentaban a los equipos a completar una *tarea* y pasar a la siguiente. Se prestaba muy poca atención al producto que se estaba creando o como de funcional era. Condujo a productos finales que carecían de calidad y no cumplían con los requisitos y expectativas del cliente. Por lo tanto, el análisis, los modelos y las maquetas elaboradas tienen muy poco significado en comparación con un producto funcional.

Agile prescribe que el progreso se mide en función del producto y su funcionalidad en lugar de otros factores, como la cantidad de tareas que se han completado. Por lo tanto, el progreso de un proyecto se puede medir por la evolución del producto funcional. Agile anima a los equipos a permanecer centrados en lo que es más importante: el producto funcional. El producto funcional satisfará al cliente.

8. Desarrollo sostenible, capaz de mantener un ritmo constante.

Trabajar en proyectos largos y complejos a menudo resulta en que los miembros del equipo se fatiguen después de dar lo mejor de sí durante un período prolongado. Muchos proyectos suelen comenzar rápido, pero pierden ritmo a medida que avanzan en la fase de desarrollo. Por lo tanto, mantener un ritmo de desarrollo constante era una de las principales áreas que Agile deseaba abordar.

El octavo principio en el *Manifiesto Agile* dicta que la velocidad de desarrollo debe ser sostenible durante el transcurso del proyecto. Por lo tanto, se recomienda a los equipos que no realicen más trabajo del que pueden mantener durante un período prolongado. Se anima a trabajar duro, pero se desalienta por completo el exceso de trabajo.

El patrón iterativo repetible en Agile ayuda a los equipos a establecer un ritmo de desarrollo saludable donde son eficientes sin sobrecargarse con demasiado trabajo. Una iteración no debería tener menos o más trabajo que cualquier otra; cada iteración debe implicar la cantidad justa de trabajo. Mantener una velocidad de desarrollo tan constante y sostenible mantiene a los miembros del equipo libres de estrés mientras el proyecto avanza a un ritmo aceptable.

9. Atención continua a la excelencia técnica y al buen diseño.

Es natural que la mayoría de las empresas consideren los tiempos de producción prolongados como un costo. Cuanto más tiempo se tarda en crear un producto, más tiempo debe esperar una empresa para recibir el pago y empezar a crear el siguiente producto. Además, muchas empresas creen que al usuario final no le importa realmente su excelencia técnica. La excelencia técnica, en la mayoría de los casos, no genera ingresos directos para una empresa. Sin embargo, eso no significa que las empresas deban centrarse menos en ello.

Si se descuida el dibujo de un buen diseño técnico para un producto, podría afectar la velocidad del producto. Sin un buen diseño, un producto será difícil de crear y, por lo tanto, llevará más tiempo. Además, los productos con diseños deficientes suelen ser más difíciles o incluso imposibles de cambiar en relación a los requisitos y expectativas cambiantes del cliente.

Cuando se trata de proyectos pequeños, podría tener sentido desarrollar el producto en lugar de dedicar mucho tiempo a diseñarlo. Sin embargo, los proyectos complejos requieren que los equipos se centren en la calidad técnica y el gran diseño. No es necesario crear un gran diseño antes de que comience el desarrollo del producto. El diseño puede evolucionar a medida que se desarrolla el producto. Sin embargo, los equipos deben contar con el tiempo y los recursos para hacerlo.

Agile fomenta los buenos diseños y la excelencia técnica al alentar a los equipos a mejorar su trabajo después de cada iteración. Todo lo que deba arreglarse debe arreglarse ahora sin tener que volver más tarde. También se espera que el equipo aprenda de los errores y mejore para que los mismos errores no se repitan, costando valiosos recursos. Centrarse en los grandes diseños y la calidad técnica agrega un valor inmenso a un producto. Los clientes se darán cuenta y la empresa pronto comenzará a beneficiarse, ya que los clientes satisfechos a menudo ayudan a las empresas.

10. La simplicidad, el arte de maximizar la cantidad de trabajo no realizado, es esencial.

Se puede decir sin miedo a equivocarse que Agile es una metodología de gestión de proyectos dirigida más hacia hacer el trabajo y agregar más valor a los productos en lugar de a las formalidades. Muchos de los procedimientos seguidos tradicionalmente en las empresas pueden dejar de ser relevantes en un entorno Agile. Los equipos pueden optar por ignorar ciertos procedimientos, automatizar las tareas manuales que requieren mucho tiempo y utilizar estudios ya existentes en lugar de escribir los suyos propios.

Hacer todo esto da a los equipos más tiempo para concentrarse en el trabajo que se debe hacer y agregar más valor al producto que están desarrollando. El objetivo es avanzar lo más rápido posible eliminando complejidades innecesarias. Se anima a los equipos a que mantengan las cosas lo más simples posible. La simplicidad ha demostrado ser un gran ingrediente cuando se trata de optimizar los procesos. En cualquier iteración, las tareas a completar son el objetivo principal de cada miembro del equipo. Documentar, planificar y agregar funciones adicionales no se consideran prioridades hasta que se complete el trabajo que debe realizarse.

11. Las mejores estructuras, requisitos y diseños surgen de equipos autoorganizados.

Este principio tiene como objetivo hacer que algunos de los principios anteriores sean realistas en los entornos de trabajo. La forma en que Agile recomienda que los desarrolladores y las empresas se comuniquen directa y regularmente y por qué el software funcional es más importante que los modelos teóricos se debatieron anteriormente. También se estableció anteriormente cómo las personas motivadas contribuyen a producir productos de alta calidad. En comparación, esto establece que, para que todo esto tenga éxito, los equipos deben poder organizarse por sí mismos sin demasiado control desde arriba.

En un entorno Agile, los equipos tienen el poder de organizar todo lo relacionado con el desarrollo de productos. Ellos deciden cuándo quieren comunicarse, cómo se completan las tareas, cómo se dividirá el trabajo entre los miembros del equipo y más. Se considera que este entorno mejora la productividad y la calidad, ya que quienes desarrollan directamente el producto comienzan a asumir más responsabilidad.

Existe una gran diferencia entre exigir cierto rendimiento a un empleado y en que este haga suyo el producto que está desarrollando. Cuando se exige cierto rendimiento a un individuo para llevar a cabo una determinada tarea, existe un sentido de obligación y estrés a su alrededor. Sin embargo, cuando alguien hace suyo el proyecto la motivación sale de sí mismo. Es una elección en lugar de algo asignado por un superior. Como resultado, los equipos tienden a ser más eficientes y efectivos cuando se les deja funcionar de forma independiente.

12. Con regularidad, el equipo reflexiona sobre cómo ser más eficaz y se adapta en consecuencia.

La metodología Agile de gestión de proyectos recomienda que los equipos se tomen el tiempo para observarse a sí mismos y el trabajo que han estado haciendo con regularidad para que puedan realizar mejoras y ajustes colectivos e individuales para ser más efectivos en el futuro. No es realista esperar que un equipo autoorganizado sea perfecto, sin importar lo bien cualificados que estén los miembros del equipo. Por lo tanto, se debe alentar a los equipos a auto observarse e identificar las áreas en las que pueden mejorar.

En entornos Agile, los equipos suelen completar un incremento de producto durante una iteración para después hacer una pausa. En esa pausa, se tomarán el tiempo para reflexionar sobre la iteración anterior. Durante estas sesiones, los miembros del equipo identificarán áreas en las que pueden mejorar, tanto como equipo como individualmente. Luego pasarán a la siguiente iteración.

Por tanto, la metodología Agile reduce la autocomplacencia en los equipos. Ser autocomplaciente es uno de los mayores errores que puede cometer un individuo, equipo o empresa en cualquier negocio, ya sea en el desarrollo o la fabricación de software. Agile reduce esa autocomplacencia al requerir que los equipos mejoren de manera continua y reflexionen sobre su trabajo más reciente.

Los directores de proyecto a menudo promueven sesiones en las que los equipos evalúan su trabajo y desempeño y discuten formas de mejorar. Hacerlo beneficia a las empresas, ya que los equipos se vuelven más productivos al mismo tiempo que evolucionan, y las personas adquieren más habilidades. Además, los productos también aumentan de valor a medida que se evitan errores durante el desarrollo a medida que los equipos se vuelven más capaces.

2.4 ¿De Qué se Compone un Equipo Agile?

Un pequeño grupo de personas asignadas al mismo esfuerzo o proyecto se considera un *equipo* en un entorno Agile. La mayoría de las personas que pertenecen a equipos Agile suelen ser empleados a tiempo completo. Sin embargo, los especialistas a tiempo parcial pueden unirse a un equipo Agile y contribuir al proyecto si surge la necesidad.

La idea de ser un equipo aporta una responsabilidad compartida a ese grupo de personas. No importa si los resultados de sus esfuerzos son buenos o malos; todo el equipo se los atribuye en lugar de limitar las cosas a cualquier miembro del equipo. Se recomienda que un equipo Agile posea todas las habilidades y experiencia necesarias para desarrollar un producto.

Por ejemplo, un equipo que está desarrollando software debe incluir programadores, arquitectos y evaluadores, así como personas con conocimientos empresariales y especialistas, como analistas comerciales. En el desarrollo Agile los resultados tienen más peso que los roles y las responsabilidades.

Por lo tanto, un programador de software puede completar ciertas tareas que tradicionalmente se consideraban responsabilidad de otra persona, como análisis y pruebas de requisitos y rendimiento. La atención se centra en hacer el trabajo en lugar de limitar a los miembros del equipo a roles y responsabilidades específicos.

Uno de los errores más comunes que cometen muchas empresas al implementar Agile es confundir un *equipo* con un *grupo*. Un grupo de personas que trabajan juntas no siempre puede ser un equipo Agile. Además, un miembro del grupo puede contribuir en múltiples proyectos simultáneamente sin considerar que estén en más de un *equipo*. Un grupo de personas también puede ser cualquier número superior a tres.

En un entorno Agile, un equipo debe tener un mínimo de tres miembros e idealmente, un máximo de diez. Los equipos Agile suelen estar coubicados, o al menos funcionan mejor cuando lo están.

Los miembros de un equipo Agile se dedican a un solo proyecto a tiempo completo. No deben distribuirse en más de un proyecto al mismo tiempo.

Los equipos Agile son multifuncionales, lo que significa que pueden funcionar por sí mismos sin depender de personas que no pertenezcan al equipo. Es por eso que un equipo Agile debe poseer todas las habilidades y experiencia para completar las tareas que se le asignen. Los equipos Agile suelen tener un número limitado de roles de equipo de acuerdo con el marco Agile que se esté utilizando.

Por ejemplo, Scrum es un marco Agile, y un equipo Agile que usa el marco Scrum necesita tener individuos que cumplan los roles de Scrum Master, Product Owner (Dueño del Producto) y Los Miembros del Equipo.

Colaboración con el Cliente

Los equipos Agile interactúan de forma regular y continua con el cliente. La metodología establece que el equipo de desarrollo debe proporcionar una versión funcional del producto lo antes posible. Por lo general, está disponible al final de la primera iteración, donde el cliente puede revisar el incremento del producto y proporcionar comentarios. Los cambios necesarios también se identifican y solicitan, lo que reduce la necesidad de cambios costosos.

El cliente interactúa con un equipo Agile durante la fase de desarrollo. Se comunican con rapidez, y el equipo comprende fácilmente los requisitos y expectativas del cliente en comparación con la referencia exclusiva a los documentos. La interacción cara a cara con el equipo también ayuda a los clientes a explicar sus requisitos claramente sin ser malinterpretados. Incluso si se malinterpretan, los errores se pueden corregir al final de la siguiente iteración.

En comparación con las metodologías tradicionales de gestión de proyectos, como Waterfall, los clientes prefieren Agile, ya que se comunican directamente con el equipo de desarrollo en lugar de con alguien que los represente. Como resultado es poco probable que la información se malinterprete. Las interacciones regulares y continuas entre los equipos Agile y los clientes también allanan el camino para desarrollar productos de alta calidad con un gran valor.

Comunicación Diaria

Existe una gran diferencia entre un grupo de personas que trabajan juntas y un *equipo*. Un equipo es una unidad cohesiva que se comunica y colabora de manera eficiente para lograr un determinado objetivo u objetivos. La calidad del trabajo en equipo está determinada por seis componentes clave: coordinación, comunicación, aportes equilibrados, apoyo, cohesión y esfuerzo. La calidad del trabajo en equipo impacta directamente en el desempeño de un equipo y en el éxito del proyecto.

La metodología Agile cree que los equipos tienen más éxito cuando los miembros de esos equipos se apoyan los unos en los otros en lugar de en varias herramientas y procesos. Trabajar juntos como un equipo les da a los miembros del equipo el poder y la audacia para encontrar soluciones innovadoras en lugar de seguir métodos tradicionales. Por tanto, el trabajo en equipo es uno de los ingredientes más importantes de la metodología Agile.

Los equipos Agile planifican y organizan su trabajo entre ellos mediante rápidas reuniones diarias. También se les anima a tener conversaciones cara a cara cuando sea necesario en lugar de esperar a la próxima reunión programada o depender de otros medios, como chats, correos electrónicos y herramientas colaborativas. Los miembros del equipo están ubicados en la misma área cerca los unos de los otros para facilitar las conversaciones cara a cara. El equipo a menudo invita a las partes interesadas a reuniones de tormenta de ideas con las que puedan ayudarles con aportaciones valiosas.

Todo el equipo Agile se junta en las reuniones diarias para compartir los progresos realizados y los problemas que hayan podido surgir. Estos encuentros cara a cara son rápidos y van al grano. A veces, los problemas que enfrentan ciertos miembros del equipo pueden presentarse a todo el equipo y hacer así planes conjuntos para superar esos obstáculos. Dicha colaboración y confianza construyen el trabajo en equipo al tiempo que contribuyen positivamente al progreso del proyecto. El enfoque de la comunicación diaria también hace que Agile sea más sostenible.

Individuos Motivados

La motivación es uno de los ingredientes más importantes para mantener la productividad y el desempeño durante la fase de desarrollo de un proyecto. Se vuelve más importante a medida que aumenta el tamaño, la complejidad y la duración del proyecto. La motivación impulsa a los equipos a esforzarse al máximo todos los días durante un período de tiempo prolongado sin agotarse.

Los entornos Agile tienen como objetivo motivar a las personas para trabajar hacia los objetivos de sus equipos de forma colaborativa. Les apasiona el trabajo que hacen. También hacen su trabajo mientras apoyan a los miembros de su equipo, ya que lograr los objetivos de un individuo no se considera un éxito en un entorno Agile. Impulsados por la motivación, el apoyo, la confianza y la coherencia, los equipos Agile a menudo establecen ritmos altamente productivos sostenidos a lo largo de los proyectos, lo que da como resultado resultados altamente satisfactorios.

Crear un entorno para fomentar la motivación en los miembros del equipo no es fácil, especialmente si un equipo es nuevo en Agile. La mayoría de las empresas comienzan reformando sus instalaciones para crear espacios más propicios para el trabajo en equipo. Los equipos pueden desempeñarse de manera más eficiente en entornos en los que los miembros de su equipo están a solo unos pasos de distancia cuando necesitan tener una conversación rápida. Esta distribución también alienta a los miembros del equipo a colaborar más y mejorar la lluvia de ideas entre los equipos mientras mantiene a las personas centradas en las actividades del equipo.

Es importante darse cuenta de que los equipos Agile progresan a través del trabajo individual. Por lo tanto, los espacios de trabajo individuales también deben estar disponibles para los miembros del equipo. Proporcionan un área más tranquila, que se puede utilizar para realizar un trabajo individual hacia el objetivo del equipo.

Equipos Auto Organizados

En Agile se confía en los equipos para organizar cómo completarán el trabajo que desean lograr durante una iteración. Ellos deciden cómo se va a ejecutar el trabajo y quién va a hacer qué tareas. No hay participación de la gerencia con respecto a la asignación de tareas a los miembros del equipo o el seguimiento de las tareas asignadas a las personas. La gerencia confía completamente en un equipo Agile para tomar las decisiones correctas.

Es un acuerdo que todos los involucrados deben aprender a valorar. Los gerentes ya no tienen que estar presionando a los empleados para que hagan su trabajo. Los empleados pueden librarse de ser controlados por los gerentes todo el tiempo. Este acuerdo necesita que los miembros del equipo tengan mucha confianza en su trabajo. También deben estar preparados para superar los obstáculos que puedan surgir. Sin embargo, pueden sentirse tranquilos al saber que los miembros de su equipo estarán allí para apoyarlos.

Las obligaciones y la responsabilidad se comparten por igual entre todos los miembros de un equipo Agile. Como resultado, deben desempeñarse como individuos y en roles de equipo. Cada miembro debe completar el trabajo que le asigna el equipo. Además, deben estar dispuestos a salir de sus roles individuales para superar los obstáculos como equipo cuando uno o más miembros del equipo se enfrenten a dificultades.

Cuando un equipo no logra los objetivos esperados durante una iteración, identifican los errores y aprenden. No hay instrucciones de la gerencia. La mejora se crea orgánicamente dentro del equipo y, por lo general, los equipos Agile recién formados suelen tener un mentor Agile.

A los equipos les lleva algo de tiempo volverse autoorganizados sin tener problemas. Es necesario proporcionar coaching y capacitación para que los equipos aprendan cómo funciona y mejora Agile a medida que avanza el proyecto. Incluso un equipo que está funcionando muy bien puede beneficiarse de la existencia de un mentor Agile, ya que permite a los miembros del equipo mejorar.

Los equipos Agile también tienen la libertad de determinar qué herramientas y procesos van a seguir. Las herramientas y procesos que elijan pueden diferir de los que utilizan otros equipos de la misma empresa. La empresa puede proporcionar las herramientas; sin embargo, el equipo no tiene derecho a solicitar formación sobre cómo utilizar las herramientas y los procesos con los que eligen trabajar.

Mejoras continuas como equipo

Los equipos Agile necesitan reflexionar de forma regular y rutinaria sobre su desempeño para poder mejorar. Como resultado, los equipos Agile están dedicados a la mejora continua. Naturalmente, los equipos Agile no responden bien a las instrucciones y órdenes. Sin embargo, están más abiertos al coaching y la mentoría. Las reuniones retrospectivas son sesiones que se programan de forma rutinaria después de la finalización de una iteración para facilitar la mejora del equipo.

Durante esas sesiones, los miembros del equipo hablan sobre las cosas que salieron bien y mal. Luego, identifican colectivamente formas de mejorar el proceso evitando errores, para que la siguiente iteración se desarrolle sin problemas. Los grandes equipos Agile utilizan las reuniones retrospectivas en su beneficio, ya que las mejoras continuas no solo les facilitan la vida, sino que también mejoran sus habilidades y benefician a su organización.

Puede que los equipos Agile necesiten algo de tiempo para evaluar sus niveles de rendimiento óptimos sin perder de vista la sostenibilidad. Se prescribe que los equipos recién formados sean lentos al principio y aumenten gradualmente la cantidad de trabajo que realizan durante cada iteración. Además, estos incrementos en la carga de trabajo deben detenerse cuando sientan que se alcanza su capacidad máxima. La mejora continua no significa que los equipos deban asumir una mayor carga de trabajo.

En cambio, se alienta a los equipos a comprender cual es la mayor cantidad de trabajo que pueden asumir mientras mantienen la productividad. Muchos equipos que asumen cargas de trabajo más grandes experimentan agotamiento. En ese punto los miembros del equipo están sobrecargados de trabajo y demasiado estresados. Por lo tanto, la carga de trabajo que lleva a cabo un equipo Agile debe ser tal que se pueda mantener el mismo nivel de productividad durante mucho tiempo, al menos hasta que se complete el proyecto. Además, los equipos deben estar preparados para el trabajo no planificado y los eventos inesperados que puedan surgir.

2.5 Roles de un Equipo Agile

Agile es una metodología de gestión de proyectos creada para resolver muchos de los problemas que enfrentan las empresas y los clientes al usar métodos tradicionales de gestión de proyectos. El enfoque se centra en dividir los objetivos en productos independientes más pequeños que se pueden desarrollar y lanzar de forma incremental. El flujo de trabajo Agile requiere equipos altamente coordinados para mantenerse al día con horarios exigentes y períodos de tareas cortos. Como resultado, los roles del equipo Agile deben estar bien definidos y comprendidos por cada miembro del equipo.

Líder de equipo (Coach de Equipo o Líder de Proyecto)

Este rol es el responsable de proporcionar coaching y orientación a un equipo Agile. El líder del equipo también tiene que obtener los recursos que el equipo necesita y eliminar cualquier factor que dañe al equipo y su desempeño. El papel del líder del equipo no implica mucha planificación, ya que todo el equipo trabaja en la planificación.

Muchos piensan erróneamente que un líder de equipo es el director de un equipo Agile; sin embargo, el rol no refleja un rango. En cambio, refleja la responsabilidad y el conocimiento que se utilizan para guiar a un equipo Agile en la dirección correcta.

El Product Owner o Propietario del Producto

A una persona que tiene un buen sentido y visión sobre el producto final que se está desarrollando generalmente se le confía el rol de Product Owner o Propietario del Producto. A menudo es un actor clave o un ejecutivo de una empresa. El Product Owner debe guiar al equipo a través del proceso de desarrollo mientras corrige errores e inicia cambios cuando sea necesario.

En un entorno Agile, se considera que el Product Owner tiene un rol similar al del capitán de un barco. El capitán dirige el barco por la ruta correcta mientras establece el orden entre la tripulación del barco. El capitán también tiene la última palabra sobre cualquier cambio que deba realizarse a bordo del barco.

El Product Owner proporciona a un equipo orientación y dirección similares al llevar a cabo una variedad de tareas. Una de las responsabilidades más importantes de un Product Owner es definir el trabajo que se debe realizar. El Product Owner hace que los objetivos del proyecto sean claros y transparentes para un equipo mientras establece estándares en términos de la calidad del trabajo que debe entregarse.

El trabajo que realiza el equipo da forma al producto final. Sin embargo, el Product Owner es responsable de crear las tareas que llevarán al equipo allí. Un Product Owner suele ser una persona apasionada por el producto y que tiene una idea y una visión claras sobre por qué el producto debe existir. Tal individuo sabrá instantáneamente cuando el producto no se está moldeando correctamente.

Los Product Owners deben ser muy buenos comunicadores tanto con el equipo en general como con los miembros individuales del equipo. Deben mantener la claridad y transparencia en niveles altos para que todo el equipo esté en la misma línea con respecto al producto que están desarrollando. Por lo tanto, el Product Owner participa en las reuniones diarias de un equipo Agile y también puede convocar reuniones individuales ad hoc si lo considera necesario.

El Product Owner es el responsable de garantizar que el trabajo realizado por el equipo fluya sin problemas. Además, el propietario del producto debe asegurarse de que el producto final tenga la mayor calidad posible. También deben comprender la prioridad de las tareas que deben completarse en función de las circunstancias del proyecto, así como los comentarios de las partes interesadas.

El Product Owner también debe asegurarse de que el equipo pueda entregar iteraciones del proyecto de forma continua con una planificación de ciclo precisa. El objetivo final de un Product Owner es asegurarse de que el proceso de desarrollo genere valor para los clientes y otras partes interesadas para desarrollar un producto de valor. El propietario del producto debe mantener comunicaciones con el equipo de desarrollo, los usuarios finales, los socios y los ejecutivos comerciales durante todo el proyecto.

El Team Member o Miembro de Equipo

Los trabajadores con habilidades diversas se conocen como team members o miembros del equipo. Contribuyen directamente al desarrollo de un producto. Los desarrolladores de software de front end y back end, diseñadores, redactores, arquitectos y videógrafos pueden ser miembros de un equipo en un sector en particular donde su experiencia se utiliza para desarrollar un producto. Los miembros del equipo pueden tener diferentes habilidades, pero todos son responsables de llevar a cabo el proyecto.

La mayoría de un equipo Agile está formado por miembros de equipo. Si el Product Owner es el capitán del barco, los miembros del equipo son la tripulación. Los miembros del equipo aportan una variedad de habilidades, experiencia y rasgos a un equipo Agile. Las personas que son creativas y pueden trabajar de forma autónoma suelen prosperar en entornos Agile.

Un miembro del equipo se considera un *especialista* que contribuye al desarrollo del producto. Los miembros del equipo deben trabajar de forma colaborativa e independiente. Pueden consultarse entre sí para intercambiar ideas o reunirse con el Product Owner para encontrar respuestas a cualquier pregunta que puedan tener. También deben trabajar de manera eficiente evitando distracciones.

En Agile, los miembros del equipo tienen mucha libertad para auto dirigirse y organizarse ellos mismos su trabajo. Por lo tanto, es seguro decir que la mayoría de las personas se sienten empoderadas en un entorno Agile, lo que las lleva a hacer suyo el proyecto. Esto generalmente da como resultado que las personas se desempeñen mucho mejor en comparación con los estilos tradicionales de gestión de proyectos. Agile también anima a los equipos a mejorar continuamente, y algunos de los efectos positivos también contribuyen al desarrollo personal de los miembros del equipo.

Stakeholders o Partes Interesadas

Es cierto que el stakeholder o parte interesada no contribuye directamente al desarrollo del producto y no siempre está involucrado. Sin embargo, las partes interesadas juegan un papel importante cuando se trata de dar forma al producto final que está siendo desarrollado por un equipo Agile. Una parte interesada puede ser un ejecutivo comercial, un usuario final, un inversor, un miembro del personal de apoyo a la producción, un auditor externo o un miembro de equipo de otro equipo.

Las partes interesadas generalmente se seleccionan en función de los aportes que pueden proporcionar o son necesarios para el buen funcionamiento de un equipo Agile. Dichos aportes suelen afectar a la dirección del proyecto. Unas partes interesadas efectivas pueden ayudar a los equipos Agile a desarrollar productos que cumplan con los objetivos comerciales y las expectativas de los usuarios finales. Además, las partes interesadas pueden, en ocasiones, abordar ciertos desafíos que experimenten los miembros del equipo.

Los representantes de los departamentos legales, clientes, expertos técnicos, gerentes de cuentas, expertos en marketing, vendedores y muchos otros profesionales pueden considerarse partes interesadas de un proyecto según su naturaleza y la naturaleza del producto. Las partes interesadas brindan información valiosa sobre el producto final y la forma en que debe usarse. Es común que las partes interesadas trabajen en colaboración con los Product Owner durante una iteración y brinden comentarios cuando se revisa el incremento del producto presentado.

Mentor Agile

Las personas que actúan como coaches y mentores para equipos que son nuevos en Agile se conocen como Mentores Agile. Por lo tanto, un Mentor Agile debe tener una gran experiencia con proyectos Agile. También deben compartir su conocimiento con un equipo Agile proporcionando entrenamiento y mentoría en lugar de solo dar órdenes.

Los mentores son fundamentales para ayudar a los equipos de nuevos proyectos a comprender cómo funciona Agile y a alcanzar niveles de alto rendimiento. El Mentor Agile está ahí simplemente para proporcionar orientación y dirección a un equipo Agile. Él o ella no contribuirá al proceso de desarrollo. Por lo tanto, el rol de un Mentor Agile es opcional.

Roles Adicionales Agile para Proyectos Más Grandes

Los roles anteriormente descritos son comunes en los equipos Agile. Sin embargo, algunas empresas pueden incluir más roles Agile, especialmente cuando se trabaja en proyectos más grandes y complejos. Un buen ejemplo es la inclusión de expertos técnicos y especialistas para garantizar que el equipo de desarrollo no experimente ninguna laguna en el conocimiento y la experiencia en áreas técnicas y tecnológicas.

También es común que los equipos de pruebas y auditoría se unan a equipos Agile. Estos equipos trabajan con el equipo Agile durante todo el proceso de desarrollo para brindarles asistencia con las pruebas y auditorías. Los equipos de prueba independientes son útiles cuando se prueban productos complejos donde existe una alta probabilidad de encontrar errores que los probadores del equipo Agile pueden pasar por alto. Por lo tanto, la presencia de estas personas ayuda en el proceso de desarrollo del producto.

Cuando se trata de un proyecto que involucra múltiples subsistemas que son manejados por equipos Agile independientes separados, se incorpora un Integrador para que los subsistemas se integren correctamente y en un plan sólido. El Integrador garantiza que los subsistemas se prueben correctamente e incluso podría incorporar equipos de prueba externos si surge la necesidad.

Algunos proyectos complejos pueden requerir un arquitecto experimentado. Un Architect Owner o Arquitecto Propietario se incluye en los equipos Agile para proyectos en los que el Architect Owner hace planes y se encarga de la toma de decisiones. Los roles de Architect Owner e Integrador pueden existir en el mismo proyecto si involucra múltiples subsistemas complejos.

2.6 ¿Cuál Es el Objetivo General de Agile?

Agile es un enfoque moderno para la gestión de proyectos que tiene como objetivo: simplificar la gestión de proyectos, evitar largas demoras y garantizar que los productos no difieran de los requisitos y expectativas del cliente. Es un enfoque flexible que permite dividir los proyectos en tareas más pequeñas y fáciles de administrar. Estas tareas se incluyen en iteraciones cortas que tienen fechas de inicio y finalización específica. El equipo de desarrollo se centra en completar las tareas dentro de la iteración.

Al final de cada iteración, se presenta al cliente una versión funcional o utilizable del producto. Esto permite al cliente ver y utilizar versiones funcionales del producto con regularidad, especialmente a partir de una etapa muy temprana de desarrollo. Como resultado, el cliente aprueba el producto que se está construyendo regularmente. Los cambios necesarios se agregan a la siguiente iteración.

El método Agile permite a los equipos organizarse y terminar el trabajo rápidamente. También pueden responder rápidamente al cambio. Los equipos pueden reevaluar rápidamente las circunstancias actuales y ajustar el trabajo que van a hacer en un incremento en lugar de tratar de seguir un plan durante toda la fase de desarrollo del producto. La metodología Agile enseña a los equipos a aceptar el cambio en lugar de evitarlo. Como resultado, la metodología Agile ha tenido mucho éxito en proyectos con requisitos cambiantes.

Agile puede parecer una metodología compleja para cualquier persona nueva. También puede parecer difícil de manejar. Por el contrario, Agile es una de las metodologías más sencillas que existen y que facilita mucho la gestión de equipos.

Otro de los objetivos de Agile es crear un entorno donde se fomente la creatividad. Algunos proyectos pueden comenzar sin el producto final claramente definido. Estos proyectos necesitan equipos que puedan adaptarse rápidamente al cambio y proponer soluciones e ideas creativas. El enfoque Agile es muy adecuado para proyectos que implican altos niveles de cambio, creatividad e innovación.

El enfoque Agile se diseñó originalmente para el desarrollo de software. Sin embargo, ha sido adoptado con éxito por empresas de diferentes sectores, ya que los valores y principios Agile se pueden aplicar a cualquier industria. Como resultado, es común ver la metodología Agile en movimiento en sectores como educación, marketing, militar, construcción y automotriz.

Agile tiende a crear ciclos de desarrollo más cortos en lugar de limitarse a uno o muy pocos ciclos durante la fase de desarrollo del producto. Como resultado, Agile ofrece lanzamientos frecuentes. Estos ciclos más cortos ayudan a los equipos a responder fácilmente a cualquier cambio solicitado por el cliente. La gestión Agile de proyectos implica un proceso básico que incluye una variedad de actividades, como la planificación del proyecto, la creación de la hoja de ruta del producto, la planificación de lanzamientos e iteraciones, reuniones diarias, revisiones y retrospectivas.

Planificación del Proyecto

Un proyecto debe comenzar con un plan bien definido. Aunque Agile implica menos planificación que los enfoques tradicionales de gestión de proyectos, requiere un cierto nivel de planificación. La planificación de proyectos en Agile incluye comprender el objetivo final del proyecto, el valor del proyecto para el cliente y cómo se logrará el objetivo final.

Algunas personas también establecen un alcance de proyecto; sin embargo, es importante recordar que el alcance del proyecto está sujeto a cambios, ya que el propósito de Agile es adoptar el cambio. Por lo tanto, la probabilidad de que se agreguen o eliminen características del alcance de un proyecto es alta en Agile.

Creación de Hoja de Ruta de Productos

Esta actividad divide el producto final en un conjunto de características. Estas características, una vez combinadas, deben componer el producto final, ya que el equipo desarrollará cada una de esas características durante las iteraciones. Por lo tanto, si el producto final no se desglosa en las características correctas, el equipo puede enfrentar dificultades hacia el final del proyecto y presentar el riesgo de sufrir retrasos.

El Product Backlog o Pila de Producto también se desarrolla en este punto. El Product Backlog enumera todas las características que deben estar en el producto final de acuerdo con los requisitos y expectativas del cliente. Los equipos utilizan el Product Backlog para elegir las tareas que van a completar en una iteración particular. Por lo tanto, el Product Backlog debe estar completo para que no se pierda ninguna tarea o característica.

Planificación de lanzamiento

Las metodologías tradicionales de gestión de proyectos, como el método Waterfall, solo contemplan un lanzamiento, proporcionado en la fecha de implementación. Agile, por otro lado, implica muchos ciclos de desarrollo cortos. Como resultado, las características del producto final se lanzan al final de cada ciclo. Se recomienda crear un plan para estas versiones. Los planes de lanzamiento pueden cambiar mientras el proyecto sigue su curso. Por lo tanto, se recomienda que el plan de lanzamiento se revise antes del inicio de cada iteración o ciclo de desarrollo.

Planificación de Iteraciones

Los equipos Agile generalmente planifican lo que se va a hacer durante una iteración eligiendo tareas del Product Backlog. Luego, el equipo decide qué miembro del equipo contribuirá a cada tarea mientras se asegura de que las tareas se distribuyan de manera uniforme entre todo el equipo. Se anima a los equipos a realizar un seguimiento visual del flujo de trabajo, utilizando pizarras y métodos similares, para mantener la transparencia y la comprensión entre el equipo. La representación visual de las tareas también ayuda a los equipos a identificar y eliminar los cuellos de botella.

Reuniones Diarias

La metodología Agile prescribe reuniones diarias donde el equipo se reúne y evalúa el trabajo que se ha completado y el trabajo que queda en la iteración actual. Luego, colectivamente hacen planifican el día mientras se aseguran de que están en el camino correcto para completar todas las tareas de la iteración a tiempo.

Se recomienda que las reuniones diarias se limiten a quince minutos. Además, no deben tener el propósito de intercambiar ideas o resolver problemas. Su propósito es simplemente revisar las tareas en curso y determinar cuánto avanzará el equipo durante el día. Los entornos Agile fomentan las reuniones diarias de pie, ya que sentarse generalmente hace que las reuniones se prolonguen.

Revisiones y Retrospectivas

Agile es una metodología de gestión de proyectos que tiene como objetivo reducir las posibilidades de que el producto final varíe de los requisitos y expectativas originales del cliente. Esto se logra proporcionando al cliente incrementos de trabajo del producto a lo largo de la fase de desarrollo. Cada ciclo o iteración que se completa proporciona al cliente una versión funcional del producto que puede revisar.

Por lo tanto, el cliente conoce el producto que se está desarrollando desde una etapa temprana del proceso de desarrollo y puede identificar cualquier cambio que deba realizarse. Estos cambios son más fáciles y menos costosos de realizar en comparación con la identificación de cambios al final del desarrollo. Por lo tanto, las revisiones son una parte clave del desarrollo Agile.

La metodología Agile también anima a los equipos a buscar formas de continuar con regularidad. Como resultado, las retrospectivas se llevan a cabo al final de cada iteración. Durante una retrospectiva, los miembros del equipo reflexionan sobre lo que salió bien y lo que salió mal durante la iteración. Luego, discuten cómo van a mejorar como equipo durante la próxima iteración.

2.7 ¿En Qué Se Diferencia Agile de Otras Metodologías?

La metodología de gestión de proyectos Agile se introdujo para resolver muchos de los desafíos experimentados en el desarrollo de software con los métodos tradicionales de gestión de proyectos. Como resultado, Agile introdujo un enfoque novedoso en comparación con muchas de esas metodologías tradicionales de gestión de proyectos, con varias diferencias entre ellas.

Desarrollo y Pruebas Concurrentes

Agile descompone el producto final en incrementos más pequeños. Luego, el equipo trabaja en el desarrollo de cada uno de estos incrementos de producto durante las iteraciones que duran una cantidad fija de tiempo. Durante una iteración, el desarrollo y las pruebas ocurren al mismo tiempo. El desarrollo y las pruebas simultáneas permiten una mejor comunicación entre desarrolladores, probadores, gerentes y clientes.

Esta fue una diferencia importante que introdujo Agile en comparación con los métodos tradicionales, como el Modelo Waterfall o el Modelo Lineal Secuencial. El Modelo Waterfall sigue un orden secuencial en el que el equipo de desarrollo pasa a una etapa una vez completada la anterior. Como resultado, las pruebas comienzan cuando se completa el paso anterior, que generalmente es el desarrollo. Por lo tanto, el desarrollo y las pruebas no ocurren simultáneamente en el método Waterfall.

Las Etapas se Repiten en Ciclos

Agile divide la fase de desarrollo del producto en ciclos o iteraciones. Las partes clave del desarrollo de productos, incluida la planificación, el desarrollo y las pruebas, están involucradas en cada ciclo. Una vez que se completa un ciclo, el equipo pasa al siguiente ciclo, donde se repiten los pasos clave, incluida la planificación, el desarrollo y las pruebas.

Los métodos como Waterfall, por otro lado, son estrictamente secuenciales. Se trata de ocho etapas en las que la finalización de una etapa permite al equipo pasar a la siguiente. Sin embargo, una vez que el equipo pasa a una determinada etapa tras completar otra, no puede volver atrás. Por tanto, si se descubre un cambio hacia el final del proceso, su modelo no define una forma de resolverlo.

El método Waterfall se originó y se hizo muy popular en los sectores de la construcción y la producción industrial. Los procesos en estas industrias están estructurados y los cambios suelen ser raros e inviables. Por lo tanto, los cambios no se adaptan a tales industrias. El método Waterfall es adecuado para procesos en los que hay pocas posibilidades de cambio. Dichos procesos también permiten la documentación detallada que requiere el método Waterfall.

Experiencia y Conocimientos Previos

El uso de métodos tradicionales de gestión de proyectos no requiere que los miembros del equipo tengan conocimientos previos. Los métodos como Waterfall son muy fáciles de seguir incluso para alguien que no ha sido parte de un proyecto Waterfall antes. En la mayoría de los casos, el método Waterfall se puede utilizar con la presencia de un director de proyecto experimentado.

Agile, por otro lado, requiere conocimientos previos. Los miembros del equipo, los clientes y los líderes de la empresa deben saber cómo funciona Agile y las cosas que se deben y no se deben hacer en un entorno Agile. La diferencia entre la forma en que se hacen las cosas en un entorno tradicional y un entorno Agile también acentúa esta necesidad de conocimiento sobre el funcionamiento Agile.

Las personas que desempeñan funciones, como líderes de equipo, product owners, miembros del equipo y stakeholders, deben comprender claramente sus funciones. También deben conocer los valores y principios Agile para que la metodología tenga éxito. Como resultado, la mayoría de las empresas que son nuevas en Agile incorporan Mentores Agile a sus equipos para que los miembros del equipo puedan ser guiados y dirigidos en la dirección correcta.

Disciplina vs. Confianza y Libertad

Las metodologías de gestión de proyectos, como el método Waterfall, son estrictas sobre cómo se hacen las cosas y cuándo se hacen. La disciplina se aplica con pautas estrictas sobre el enfoque en los requisitos, la documentación completa y el seguimiento estricto de la secuencia de fases independientemente del proyecto y las necesidades del cliente. Aunque el método es un enfoque bien documentado que permite a las partes interesadas y a los clientes comprender el producto, puede que no sea práctico en muchos casos.

Por ejemplo, si un equipo pasa por alto una característica importante del proyecto durante el desarrollo, que solo se descubre en la fase de prueba, no hay forma de que el equipo regrese y desarrolle esa característica. Sin embargo, puede jugar un papel clave en el producto. Hacer cumplir la disciplina no serviría en tales casos.

Agile, por otro lado, apuesta por dar a los equipos libertad para que así puedan crear un gran producto. En qué secuencia se llevan a cabo las actividades no concierne a Agile. La gerencia confía en los equipos Agile para funcionar de forma independiente y tomar las decisiones correctas para completar un producto lleno de valor.

Evitar el Cambio vs. Abrazar el Cambio

La forma en la que los métodos tradicionales de gestión de proyectos afrontan el cambio es su mayor inconveniente y la razón de la invención de la metodología Agile. La mayoría de los métodos tradicionales intentan evitar cambios mediante análisis, planificación y documentación exhaustivos. Esto se debe a que la mayoría de estas metodologías son lineales o secuenciales. Los equipos no pueden cambiar de fase una vez empezado el proyecto. Por lo tanto, no hay espacio para acomodar cambios en tales métodos.

Agile, por otro lado, adopta un enfoque en el que se acepta el cambio. Este enfoque consiste en ciclos de desarrollo más pequeños y regulares que producen iteraciones utilizables del producto que se está construyendo. Los evaluadores pueden probar y encontrar fallos y errores antes del final de la iteración, mientras que el cliente también tiene la oportunidad de ver el incremento del producto y proporcionar comentarios. Estas interacciones a veces dan como resultado cambios en el producto. Sin embargo, los equipos Agile tienen una filosofía en la que dichos cambios son bienvenidos, ya que aumentan el valor del producto final.

Entrega de Software Funcional

La mayoría de las metodologías tradicionales de gestión de proyectos no entregan un producto funcional hasta el final del proyecto. Como resultado, los clientes solo tienen la oportunidad de ver el producto una vez que se ha completado. Tal enfoque solo puede funcionar cuando el cliente conoce exactamente el producto que necesita. Sin embargo, este no es el caso la mayor parte del tiempo, y esa fue una de las razones que inspiró la introducción del *Manifiesto Agile*.

La mayoría de las metodologías tradicionales de gestión de proyectos se centran en recopilar los requisitos del cliente y analizarlos al comienzo del proyecto. Entonces, estos requisitos se documentan de forma exhaustiva. El desarrollo del producto no comienza hasta que se completan todas estas etapas. Después, el cliente debe esperar mucho tiempo hasta el final del proyecto para poder ver un producto que funcione.

Sin embargo, la mayoría de los métodos tradicionales no tienen en cuenta el hecho de que los requisitos y expectativas del cliente pueden cambiar durante el proyecto. Por lo tanto, es posible que no perciban mucho valor en el producto que necesitaban al comienzo del proyecto. Por lo tanto, los métodos tradicionales de gestión de proyectos no se adaptan ni son adecuados para proyectos en los que existe una alta probabilidad de cambio de requisitos.

Agile, por otro lado, se centra en desarrollar incrementos de trabajo del producto con regularidad. Más importante aún, el desarrollo comienza pronto y el cliente puede ver lanzamientos desde una etapa temprana del proyecto sin esperar hasta el final. Como resultado, cualquier cambio que el cliente desee realizar se puede completar fácilmente en la siguiente iteración. La entrega de versiones funcionales a intervalos regulares hace que Agile sea una gran metodología para desarrollar productos con requisitos en constante cambio o si un cliente no está seguro del producto que necesita.

Características del Equipo

Existen diferencias significativas entre los equipos en las metodologías tradicionales de gestión de proyectos y Agile. Los atributos principales son la composición de un equipo, la forma en que operan los equipos, el liderazgo del equipo y los tipos de expertos que pertenecen a un equipo entre muchos otros.

Los equipos Agile tienen muy poca estructura, mientras que la mayoría de los otros equipos están muy estructurados con miembros y roles permanentes. Los miembros del equipo Agile son intercambiables. Como resultado, el trabajo se completa más rápido. La cualidad autoorganizativa de los equipos Agile elimina la necesidad de administradores de proyectos. Sin embargo, la mayoría de las demás metodologías de gestión de proyectos requieren la orientación y la experiencia en gestión de los directores de proyectos.

Los equipos Agile no comprenden miembros de diferentes rangos dentro del equipo. Todos los miembros del equipo son tratados con el mismo nivel de respeto y el trabajo se distribuye de manera uniforme entre todos los integrantes. Otros métodos de gestión cuentan con equipos en los que los rangos están involucrados y la microgestión de equipos está presente.

Un equipo Agile está formado por todos los tipos de expertos necesarios para desarrollar un producto sin depender de nadie fuera del equipo. Sin embargo, otras metodologías de proyectos pueden centrarse en la creación de equipos basados en la experiencia. Dichos equipos reciben objetivos que sus superiores deben alcanzar. Sin embargo, los equipos Agile se organizan a sí mismos; son ellos los que eligen la carga de trabajo que van a llevar a cabo en una iteración.

La mayoría de los enfoques tradicionales de gestión de proyectos no involucran ni requieren altos niveles de coordinación de equipo. Sin embargo, Agile requiere que los equipos se coordinen lo mejor que puedan para que los objetivos se puedan cumplir de manera colaborativa. Se anima a los miembros del equipo a apoyarse entre sí mientras hacen su trabajo en un entorno Agile.

Financiación y Riesgo

Las metodologías tradicionales de gestión de proyectos suelen considerarse seguras para gestionar proyectos de precio fijo. Los acuerdos de riesgo se firman al comienzo de dichos proyectos que dan como resultado una reducción de los riesgos. Sin embargo, cuando Agile se utiliza para proyectos de precio fijo, puede resultar estresante para la empresa, especialmente si los cambios continuos retrasan el proyecto o si la finalización del proyecto tarda más de lo estimado por la empresa. La metodología Agile funciona mejor con proyectos que tienen financiación no fija. El cliente se compromete a pagar a la empresa por sus recursos, incluso si las fechas de entrega estimadas deben extenderse, ya que lo importante es desarrollar un producto lleno de valor.

Requisitos y Cambios

Cuando se trata de métodos de gestión de proyectos más tradicionales, los requisitos se recopilan, analizan y acuerdan al comienzo del proyecto. Esta fase suele completarse y documentarse minuciosamente antes del desarrollo del producto. Luego, los desarrolladores consultan los requisitos documentados y desarrollan el producto. Una vez finalizado el desarrollo, comienza la prueba. Finalmente, los desarrolladores corrigen los errores detectados por los evaluadores y el producto se entrega al cliente.

Si hay un malentendido durante la etapa inicial de recopilación de requisitos sobre algún requisito, el cliente solo puede averiguarlo al final del proyecto. Puede que suceda debido a errores en la comunicación. El cliente también puede cambiar de opinión sobre un determinado requisito mientras el producto está en desarrollo. Algunos cambios en el entorno empresarial también pueden hacer que determinadas funciones del producto sean menos eficaces. Sin embargo, los enfoques tradicionales de gestión de proyectos no consideran tales escenarios debido a su enfoque lineal para el desarrollo de productos.

Agile, por otro lado, requiere que el Product Owner prepare los requisitos periódicamente al recibir comentarios del cliente al final de cada iteración. Ni el equipo de desarrollo ni el cliente confían completamente en los requisitos recopilados antes de iniciar el proyecto. Los requisitos y cambios se establecen a medida que el producto se desarrolla de forma incremental.

Existen numerosas ventajas que este enfoque ofrece tanto al equipo de desarrollo como al cliente. El producto que se está desarrollando ofrece más valor al cliente. Como resultado, es probable que el cliente esté más satisfecho con el proyecto. Cualquier error en el análisis de requisitos se puede contabilizar rápidamente sin que le cueste mucho a la empresa, ya que el cliente está más involucrado en el proceso de desarrollo, lo que aumenta las posibilidades de corregir dichos errores.

Capítulo 3: Gestión de proyectos Scrum

La metodología Agile surgió como resultado de las fallas en las metodologías de gestión de proyectos populares y prominentes. Pero la naturaleza lineal y secuencial de esas metodologías y el enfoque en la documentación eran vistas como desventajas, especialmente cuando se trataba de proyectos complejos con altas probabilidades de cambio.

La Alianza Agile presentó el *Manifiesto Agile* que declaraba cuatro valores y doce principios que tenían como objetivo cambiar la forma en que se gestionaban los proyectos en la industria del desarrollo de software.

La mayoría de los valores y principios eran diferentes de los mencionados en el Cuerpo de Conocimientos de Gestión de Proyectos (PMBOK). Hubo un mayor énfasis en la comunicación, el trabajo en equipo, la colaboración, la independencia del equipo, la entrega de software funcional en incrementos y la capacidad de adaptarse al cambio. El enfoque Agile fue también una de las primeras metodologías en aceptar el cambio, ya que era una realidad en los negocios; sin embargo, la mayoría de los métodos tradicionales consideraban que el cambio era costoso.

Scrum es un marco Agile que permite a los equipos trabajar de manera eficiente y efectiva en proyectos al unísono. Este marco lleva muchos valores y principios Agile un paso más allá, permitiendo que los equipos funcionen en un modo óptimo. El marco Scrum describe reuniones, herramientas y roles específicos que se pueden usar para ayudar a los equipos a organizar y administrar su trabajo de manera eficiente y productiva.

Los rasgos importantes del equipo, como aprender de la experiencia, trabajar en un problema de forma independiente y reflexionar sobre las victorias y las pérdidas en busca de mejoras, se destacan en Scrum. Si bien el marco Scrum inicialmente ganó una inmensa popularidad en el desarrollo de software, pronto se demostró que se aplicaba a todo tipo de equipos en todos los sectores e industrias con gran éxito. Como resultado, este marco se hizo muy popular.

Aunque Scrum es simplemente un marco Agile, a menudo se confunde con una metodología de gestión de proyectos. Además, muchas personas piensan erróneamente que Scrum y Agile son los mismos enfoques. De hecho, ciertos valores y principios Agile han sido inspirados por Scrum. Por ejemplo, el enfoque de Scrum en la mejora continua a través de un equipo regular que reflexiona sobre las ganancias y las pérdidas es uno de los principios descritos en el *Manifiesto Agile.*

Sin embargo, Scrum y Agile no son el mismo enfoque o metodología. Si bien la metodología Agile es más una mentalidad, Scrum es simplemente un marco que puede usar esa mentalidad para realizar un trabajo. Los equipos a menudo tienen dificultades para adoptar la mentalidad Agile, ya que es muy diferente de los enfoques tradicionales de gestión de proyectos. El marco Scrum es una excelente manera para que los equipos comiencen a practicar los principios Agile y desarrollen productos valiosos sin confusión.

Uno de los mayores atributos del marco Scrum es que es fácil de adoptar para los equipos. El marco se basa en el aprendizaje gradual y el ajuste a factores cambiantes. Scrum asume que un equipo no tiene experiencia en la forma de pensar Agile al comienzo de un proyecto. Permite el aprendizaje paso a paso para los equipos, lo que facilita la adaptación.

Además, el marco Scrum está estructurado de un modo en el que permite a los equipos adaptarse a los entornos empresariales cambiantes y a los requisitos de los usuarios de forma natural. La re-priorización está integrada en el proceso Scrum junto con ciclos cortos, lo que facilita que los equipos aprendan y mejoren en tales climas y proyectos empresariales.

Aunque tenga sus estructuras, Scrum no es demasiado rígido, la cual es una de las razones clave de su popularidad. El marco Scrum se puede adaptar a las necesidades de cualquier equipo, proyecto o empresa. Existen numerosas teorías de Scrum exitosas en cuanto a cómo los equipos pueden adaptar eficazmente el marco Scrum, y cualquier combinación adecuada de teorías se puede utilizar según sea necesario.

3.1 Scrum vs. Agile

Muchas personas e incluso empresas están confundidas cuando se trata de la relación entre Agile y Scrum. Algunos piensan que Scrum es una metodología como Agile. Algunos creen que son iguales. Si bien Agile y Scrum pueden ser similares en muchos aspectos, no son lo mismo.

Para decirlo en los términos más simples, Agile es una metodología. El *Manifiesto Agile* explica cuatro valores fundamentales y doce principios rectores que se pueden utilizar para ayudar a los equipos a abordar el desarrollo de software o el desarrollo de cualquier otro producto de manera diferente al enfoque secuencial. Por lo tanto, lo que describe el *Manifiesto Agile* es una metodología y una mentalidad o equipo.

Cuando un equipo adopta con éxito los valores y principios de Agile, puede trabajar de manera productiva y colaborativa para desarrollar el producto en pequeños incrementos mientras aumenta el valor del producto y se ocupa de los cambios a través de interacciones regulares con el cliente. Agile simplemente proporciona pautas sobre la mentalidad que puede llevar a los equipos allí. Sin embargo, Agile no proporciona pasos concretos para lograr sus valores y principios.

Scrum, por otro lado, es un marco que ayuda a los equipos a adoptar la forma Agile de pensar y hacer las cosas. Scrum proporciona pasos simples, que los equipos que no tienen mucha o ninguna experiencia Agile previa pueden seguir para acceder a la mentalidad Agile. Por lo tanto, los equipos utilizan el marco Scrum para seguir la metodología Agile.

La toma de decisiones en Scrum se basa en resultados del mundo real en lugar de suposiciones o especulaciones. Por lo tanto, las decisiones se pueden justificar fácilmente y, a menudo, tienden a ser las correctas. Además, hay muy poco desacuerdo o debate entre los miembros del equipo con respecto a la mayoría de las decisiones, ya que se basan en resultados del mundo real.

Agile enfatiza en la entrega de incrementos de trabajo del producto. Por lo tanto, la fase de desarrollo debe dividirse en ciclos más pequeños. Sin embargo, no hay una pauta clara sobre la duración exacta o ideal de una iteración en el *Manifiesto Agile*. Sin embargo, en Scrum, la fase de desarrollo se divide en ciclos cortos conocidos como sprints, que suelen durar una o dos semanas.

En el marco Scrum también hay muy poca incertidumbre. Todos los roles, responsabilidades y reuniones definidos permanecen constantes en Scrum. Por lo tanto, Scrum permite a los equipos enfocar su energía y centrarse en la imprevisibilidad necesaria mientras reduce lo innecesario.

Ser Agile como equipo es difícil. Requiere que cada miembro del equipo adopte y esté de acuerdo sobre sus valores y principios. Sin embargo, Scrum es un marco que incorpora valores y principios Agile a un equipo para que comience a pensar y practicar las enseñanzas del *Manifiesto Agile*.

Comunicación diaria. Ciclos de desarrollo cortos. Valorar el producto funcional. Lanzamientos regulares. Recibir comentarios periódicos y aceptar el cambio. Mejoras continuas mediante la reflexión regular sobre el desempeño del equipo. El marco hace que el método Agile sea alcanzable para los equipos.

3.2 Roles Scrum

El marco Scrum se enfoca en desarrollar productos de manera incremental con el uso de equipos pequeños y autoorganizados. Un equipo Scrum debe tener más de tres miembros y menos de nueve según la Guía Scrum. Hay tres roles de equipo clave en Scrum: Scrum Master, Product Owner y Development Team(Equipo de Desarrollo).

Un equipo Scrum debe formarse cuidadosamente para lograr las ventajas que ofrece el marco Scrum. Los equipos Scrum, al igual que los equipos Agile, deben ser multifuncionales. Significa que un equipo Scrum debe estar formado por personas que cuenten con las diferentes habilidades y experiencia requeridas para desarrollar el producto sin depender de nadie que no pertenezca al equipo.

La estructura del equipo en el marco Scrum se centra en el desarrollo de equipos pequeños, autoorganizados y multifuncionales que son flexibles, creativos y productivos. Estos equipos independientes están motivados por la confianza que se deposita en ellos para asumir la responsabilidad y realizar el trabajo. Se confía en ellos en la medida en que se comunican directamente con las partes interesadas para recibir comentarios.

El Scrum Master

El rol responsable de guiar a los equipos para implementar el marco Scrum se llama Scrum Master. El marco Scrum es popular por ser un modo de adoptar la forma de pensar Agile. Sin embargo, los equipos requieren cierto conocimiento y orientación para seguir las pautas del marco Scrum. Algunas prácticas Scrum a menudo se malinterpretan y se confunden con otras. Algunas personas no comprenden el propósito de ciertos valores Scrum. El Scrum Master se asegura de que todos los involucrados en un proyecto Scrum, incluido el Product Owner, el Equipo de Desarrollo y las partes interesadas, cumplan con la teoría, las prácticas, las reglas y los valores Scrum.

El Scrum Master desempeña el papel de un líder servidor. La comunicación entre las entidades que no pertenecen al equipo Scrum se deja al Scrum Master. El Scrum Master debe asegurarse de que las interacciones entre dichas partes y el Equipo Scrum sean productivas y eficientes. El Scrum Master es responsable de servir a tres entidades: la empresa, el Product Owner y el Equipo de Desarrollo.

El Scrum Master sirve al Product Owner ayudando al Equipo Scrum a comprender el alcance, el área y los objetivos del proyecto. Debe ayudar al Product Owner a gestionar el Product Backlog recomendando técnicas eficaces. El Scrum Master también debe asegurarse de que el Product Owner se centre en maximizar el valor del producto con la forma en que se gestiona el Product Backlog.

El Scrum Master debe entrenar y guiar al Equipo de Desarrollo para que sea autoorganizado y multifuncional. El Scrum Master debe identificar y eliminar cualquier impedimento contra el trabajo en equipo, la productividad, la eficiencia y las prácticas Scrum. El Scrum Master también tiene que guiar al Equipo Scrum, especialmente al Equipo de Desarrollo, a través de Ceremonias Scrum, como Planificación de Sprint, Scrums Diarios, Revisiones de Sprint y Retrospectivas de Sprint.

Una empresa generalmente adopta el marco Scrum para desarrollar productos de valor agregado al tiempo que se asegura de que los proyectos no se retrasen o excedan los presupuestos. También se espera que la implementación de Scrum ayude a gestionar proyectos con requisitos cambiantes con éxito. El Scrum Master debe asegurarse de que la empresa pueda adoptar las prácticas de Scrum gradualmente sin interrumpir la productividad y la eficiencia.

El Product Owner

Scrum es un marco Agile que permite a los equipos adaptarse fácilmente a la forma Agile de hacer las cosas sin ninguna experiencia previa y muy poco conocimiento sobre la metodología. Por lo tanto, el Product Owner en un equipo Scrum juega un papel muy similar al de un Product Owner en un entorno Agile.

El Product Owner es el responsable de las funciones del producto que el equipo de desarrollo completa gradualmente para que el cliente pueda revisar las versiones *Terminadas* del producto al final de cada sprint. Una de las responsabilidades clave del Product Owner es el mantenimiento del Product Backlog. El Product Owner debe priorizar los elementos del Product Backlog después de consultar con las partes interesadas para que el Equipo de Desarrollo elija tareas y funciones urgentes en Sprints en lugar de elementos de baja prioridad.

Las personas que desempeñan el papel de Product Owner deben negociar qué elementos del Product Backlog se completarán en un Sprint determinado. El Equipo de Desarrollo generalmente decide qué tareas y cuáles completarán en un Sprint. El Product Owner puede negociar y acordar con el Equipo de Desarrollo incluir o eliminar elementos del Product Backlog de un sprint.

El Product Owner es igual a cualquier otro rol en un equipo Scrum en términos de rango. Muchos creen que el Product Owner desempeña un papel administrativo; sin embargo, la función está destinada a proporcionar orientación sobre el producto que está desarrollando el Equipo de Desarrollo. El Product Owner representa a las partes interesadas dentro del equipo Scrum. Por lo tanto, las partes interesadas deben respetar las decisiones que toma el Product Owner durante el desarrollo.

El Equipo de Desarrollo

El grupo de profesionales a quienes se confía el desarrollo del producto en un entorno Scrum es el Equipo de Desarrollo. Dado que los equipos Scrum son multifuncionales, las personas con diferentes conjuntos de habilidades y experiencia forman el Equipo de

Desarrollo para completar todos los aspectos del desarrollo del producto sin depender de partes externas. Por ejemplo, un Equipo de Desarrollo que está desarrollando software puede incluir arquitectos, ingenieros de software, analistas de negocio y probadores.

El Equipo de Desarrollo trabaja en colaboración en el desarrollo de incrementos *Terminados* del producto hasta que se desarrolla el producto final. El equipo de desarrollo se organiza a sí mismo. Ellos determinan la cantidad de trabajo que van a hacer en un Sprint y qué tareas se completan durante un Sprint.

El Product Owner puede negociar con el Equipo de Desarrollo los elementos o tareas que se eligen. Sin embargo, el Product Owner no puede ordenar al equipo de desarrollo que incluya o excluya tareas o elementos en un Sprint en contra de su voluntad.

El objetivo del Equipo de Desarrollo es funcionar de manera eficiente y productiva mientras se mantiene una carga de trabajo sostenible durante todo el proyecto. Los miembros del Equipo de Desarrollo no solo deben llevar a cabo su trabajo, sino también apoyar a los miembros del equipo, ya que el éxito en Scrum se mide por lo que logra el equipo. Como resultado, cada miembro del Equipo de Desarrollo estará motivado para asumir responsabilidades y hacer su parte durante un proyecto.

No hay rangos, títulos o antigüedad dentro de un Equipo de Desarrollo. Cada miembro del equipo recibe el mismo trato, independientemente de su experiencia, salario y área de especialización. Tal igualdad promueve el trabajo en equipo y aumenta la colaboración dentro del Equipo de Desarrollo.

3.3 Ceremonias Scrum

Algunos de los valores y principios clave del *Manifiesto Agile* destacan la importancia de las interacciones o reuniones cara a cara entre los miembros del equipo, las partes interesadas y los clientes. Scrum es un marco Agile. Pone un enfoque similar en las reuniones para mantener una comunicación clara y eficiente durante los proyectos, evitando reuniones y medios que consuman mucho tiempo.

Las reuniones en Scrum se conocen como *ceremonias* y son uno de los elementos más importantes de este marco. El enfoque iterativo y de períodos de tiempo prefijados de Scrum utiliza varias ceremonias para mantener las prácticas Agile a lo largo de un proyecto, de modo que se desarrolle un producto altamente satisfactorio. Estos eventos planificados también tienen como objetivo aumentar la regularidad al tiempo que reducen las reuniones no planificadas que generalmente cuestan tiempo y recursos.

Además, Scrum define la duración máxima de las ceremonias dentro del marco. Esto anima a los equipos a dedicar solo la cantidad de tiempo establecida para cada ceremonia para mejorar la eficiencia. Por lo tanto, los eventos en el marco Scrum tienen duraciones fijas según el equipo y la empresa. Cada ceremonia también está destinada a ayudar a los equipos a seguir los valores y principios Agile.

¿Qué es un *Sprint* en Scrum?

Los Sprints son la parte más importante del marco Scrum. Son eventos de duración prefijada que idealmente deberían durar de una a cuatro semanas. Por lo tanto, un Sprint tiene una fecha de inicio y una fecha de finalización. La duración de un Sprint la determina el equipo, dependiendo de la naturaleza del producto que se está desarrollando. La duración de los Sprints suele ser la misma durante todo el proyecto.

Si se está desarrollando un producto complejo o es probable que los requisitos del producto cambien rápidamente, se recomienda que los Sprints duren una o dos semanas. Si el producto es menos complejo y es poco probable que experimente un cambio significativo, el equipo de Scrum puede optar por Sprints de tres a cuatro semanas de duración.

Sprints más largos no son convenientes, ya que los requisitos pueden cambiar durante ese tiempo. La complejidad de los cambios y el riesgo también pueden cambiar cuanto más dure un Sprint. Por lo tanto, de acuerdo con los valores y principios Agile, es mejor hacer que los Sprints sean lo más cortos posible.

Una de las ventajas clave de los Sprints es que brindan a los equipos Scrum la oportunidad de llevar un producto funcional a un cliente para recibir comentarios. Garantiza que el producto que están desarrollando esté en camino de ser la mejor versión del producto final. También garantiza que cualquier cambio que el cliente pueda necesitar se pueda completar lo antes posible, ya que los cambios tardíos suelen costar más recursos.

El final de un Sprint debería ver el lanzamiento de un incremento de producto *Terminado*. Esta versión del producto debe utilizarse para que el cliente pueda proporcionar comentarios sobre sus características y solicitar los cambios que considere oportunos. El final de un Sprint marca el comienzo del siguiente inmediatamente.

Un Sprint proporciona al equipo Scrum los objetivos en los que trabajarán durante la duración del Sprint. El marco Scrum recomienda que los equipos no cambien las tareas que se acordó completar durante un Sprint una vez que comience. Hacerlo generalmente agrega más estrés al equipo y hace más difícil mantener la calidad. También puede contribuir a problemas de sostenibilidad a largo plazo, ya que es probable que los equipos comiencen a mostrar signos de agotamiento.

La mayoría de los equipos consideran cada Sprint como un proyecto separado. Si un Sprint dura dos semanas, lo ven como un proyecto de dos semanas. Durante este tiempo, se llevan a cabo varias ceremonias Scrum. Algunas se llevan a cabo varias veces, mientras que otras solo se llevan a cabo una vez durante una etapa específica del Sprint. Estos eventos son Planificación de Sprint, Stand-Up Scrum diarios, Revisiones de Sprint y Retrospectivas de Sprint.

Un Sprint puede cancelarse por varias razones. Una de las razones más comunes es el cambio de requisitos relacionados con las tareas que se han seleccionado para un Sprint. Los cambios en la tecnología y el mercado también pueden resultar en la cancelación de Sprints.

En tales circunstancias, completar esas tareas no tiene ningún propósito para el proyecto. Por lo tanto, el Sprint se cancela y el equipo se reúne para planificar uno nuevo. El Product Owner generalmente decide si cancela un Sprint tras consultar al Scrum Master, el Equipo Scrum y las partes interesadas. Si se cancela un Sprint, sus objetivos o el Objetivo del Sprint se consideran obsoletos.

Cuando se cancela un Sprint, el Product Backlog se inspecciona a fondo para ver si el trabajo es presentable. El Product Owner aceptará el trabajo si es presentable. Cualquier artículo incompleto se volverá a colocar en el Product Backlog para ser seleccionado en un Sprint futuro.

El marco Scrum recomienda que se eviten las cancelaciones de Sprints. La cancelación de un Sprint generalmente resulta en pérdidas. También cuesta recursos adicionales reevaluar y pasar a un nuevo Sprint. Los equipos Scrum también encuentran difícil reagruparse después de la cancelación de un Sprint. Como resultado, las cancelaciones de Sprints suelen ser poco frecuentes.

Planificación de los Sprints

Esta ceremonia Scrum tiene lugar al comienzo de cada Sprint con la asistencia del Equipo de Desarrollo, Scrum Master y Product Owner. El marco Scrum prescribe una duración máxima de dos horas por semana en un Sprint. Por lo tanto, si la iteración dura dos semanas, la planificación del Sprint debería durar cuatro horas o menos. Si la iteración es para un mes, la planificación del Sprint debería tomar un máximo de ocho horas.

El Scrum Master tiene la responsabilidad de asegurarse de que todos los asistentes comprendan completamente el propósito de la planificación del Sprint para que la ceremonia sea altamente productiva. El Scrum Master también debe asegurarse de que la ceremonia no dure más del tiempo prescrito y de que todo transcurra sin problemas de acuerdo con las pautas Scrum.

Las planificaciones de Sprints generalmente suelen tener dos temas centrales. El primero incluye asuntos relacionados con lo que el Equipo de Desarrollo pretende completar durante el próximo Sprint. El segundo incluye cuestiones sobre cómo el Equipo de Desarrollo va a lograr esos objetivos.

Tema Uno: Definir los Objetivos del Sprint

La planificación del Sprint organiza el trabajo del equipo para el próximo Sprint y lo dirige por el buen camino desde el principio. El Product Owner llega a la reunión con un Product Backlog priorizado. Luego, estos elementos se analizan con el Equipo de Desarrollo. El Equipo de Desarrollo pronosticará la cantidad de trabajo del Product Backlog que completará de manera sostenible y cualitativa. El esfuerzo que se requiere para completar los elementos del Product Backlog se estima colectivamente por todo el grupo.

Factores importantes como el rendimiento en Sprints anteriores, la capacidad sostenible del Equipo de Desarrollo y el incremento más reciente se consideran al seleccionar elementos del Product Backlog para el próximo Sprint. El Equipo de Desarrollo debe realizar la mayor cantidad de trabajo posible mientras se compromete a completar el trabajo antes de la fecha de finalización programada del Sprint. Deben considerar cuidadosamente la carga de trabajo, ya que está muy prescrito que la carga de trabajo se pueda mantener durante todo el proyecto sin que los miembros del equipo empiecen a mostrar signos de agotamiento.

El Product Owner a veces conversa con el equipo de desarrollo para hacer concesiones. Si se acuerda, ciertos elementos que se hayan asumido para el Sprint en curso se transfieren de nuevo al Product Backlog. Por lo tanto, las discusiones entre el Product Owner y el Equipo de Desarrollo a menudo pueden parecer negociaciones.

Tema Dos: Cómo Lograr los Objetivos del Sprint

Una vez que el Equipo Scrum acuerda lo que van a completar en el próximo Sprint, se discute cómo lograrán esos Objetivos del Sprint. Los elementos que el Equipo de Desarrollo acordó completar ahora se transfieren al Sprint Backlog. Todos los elementos del Sprint Backlog deben completarse y figurar en un estado *Terminado* al final del Sprint.

Después se discute sobre cómo se completará cada elemento del Sprint Backlog. El equipo también elabora un plan para los próximos días mientras decide qué elementos del Sprint Backlog se priorizarán. El Product Owner participa en estas discusiones para brindar claridad con respecto a los elementos del backlog que se están discutiendo.

Es probable que el Equipo de Desarrollo se dé cuenta de que puede asumir más cantidad de trabajo durante el Sprint después de estas discusiones. En tal escenario, los elementos restantes del Product Backlog se examinan y se agregan al Sprint Backlog. Luego, el equipo pasa a determinar cómo se completarán esos elementos. Una vez llegados a un acuerdo, la reunión se levanta y los elementos acordados del Product Backlog se transfieren al Sprint Backlog.

Objetivo del Sprint

Uno o una serie de objetivos para un Sprint determinado se conoce como Objetivo de Sprint. El Objetivo del Sprint debe proporcionar una guía sobre el incremento del producto *Terminado* que se lanzará al final del Sprint. La compleción de elementos que se transfieren del Product Backlog al Sprint Backlog debería permitir que el Equipo Scrum logre el Objetivo del Sprint. El Equipo Scrum debe identificar el Objetivo del Sprint durante la Planificación del Sprint para que los motive y proporcione la orientación necesaria durante todo el Sprint.

El Objetivo de Sprint proporciona al Equipo de Desarrollo una idea sobre el incremento *Terminado* para el que están trabajando. Por lo tanto, el Objetivo del Sprint mantiene al Equipo de Desarrollo encaminado hacia la finalización de un Sprint exitoso. Si los elementos del Sprint Backlog son diferentes del Objetivo del Sprint o no permiten que el Equipo de Desarrollo logre el Objetivo del Sprint, se renegocian y los elementos adecuados se agregan al Objetivo de Sprint después de negociar con el Product Owner.

Por ejemplo, si el Objetivo del Sprint es crear el carrito de compra de un sitio web, el Sprint Backlog debe incluir elementos relacionados con la función del carrito de compra. Sin embargo, si el Sprint Backlog tiene elementos que no contribuyen a completar el carrito de compra, el Equipo de Desarrollo debe renegociar y transferir los elementos del Product Backlog que están relacionados con la función del carrito de la compra al Sprint Backlog.

Scrum Diarios

Las reuniones que se realizan diariamente con la asistencia del Product Owner, Scrum Master y el Equipo de Desarrollo se conocen como Scrum Diarios. Se recomienda que los Scrum Diarios se realicen al principio del día. Por lo tanto, generalmente suelen ser por las mañanas a menos que los miembros del equipo estén ubicados en diferentes zonas horarias.

Scrum recomienda que los Scrum Diarios se hagan de pie. Se desaconseja sentarse, ya que eso hace que los asistentes se pongan cómodos, lo que generalmente hace que las reuniones duren más de lo requerido. Un Scrum Diario no debe durar más de quince minutos. También es habitual realizar Scrum Diarios en el mismo lugar y a la misma hora para mantener la continuidad.

Uno de los propósitos principales de los Scrum Diarios es mejorar la comunicación, el desempeño y la colaboración entre el Equipo de Desarrollo. El Equipo de Desarrollo responde tres preguntas principales durante un Scrum Diario: "¿Qué logré ayer?", "¿En qué trabajaré hoy?" y "¿Hay algo que me impida lograrlo?".

La primera pregunta echa un vistazo al día anterior y, al mismo tiempo, le proporciona al Equipo de Desarrollo una vista de su posición en cuanto al objetivo del Sprint. Hacerlo proporciona al equipo una comprensión de lo que se debe hacer para mantenerse al día en cuanto al logro de sus objetivos como equipo.

Luego, el equipo se centra en las tareas que completarán ese día. El trabajo se divide entre los miembros del equipo de la forma más equitativa posible. Estos equipos autoorganizados hacen suyo el trabajo, lo que se traduce en una mejor productividad y eficiencia. Cualquier factor que impida que los miembros del equipo logren sus objetivos diarios también se discute en el Scrum Diario.

Los equipos trabajan de forma colaborativa para encontrar soluciones a tales obstáculos. Si algún miembro del equipo necesita ayuda, el Equipo de Desarrollo generalmente analiza las formas de brindar la ayuda necesaria. Por ejemplo, si David necesita terminar su trabajo para que Juan comience a trabajar en su tarea, el equipo puede dividir ambas tareas entre David y Juan o asignar una tarea diferente para Juan.

Los Scrum Diarios suelen ser informales. La forma en que se llevan a cabo depende del equipo de desarrollo. Algunos equipos usan debates mientras que otros usan preguntas. Depende del equipo decidir cómo realizarán los Scrum Diarios.

Por lo general, los diferentes miembros del equipo se reúnen después de la conclusión de un Scrum Diario para planificar aún más su trabajo, ya que algunos miembros del equipo pueden estar trabajando en las mismas tareas o en otras que están conectadas entre sí. El Scrum Master guía al equipo durante los Scrum Diarios y se asegura de que no duren más de quince minutos. El Scrum Master también debe asegurarse de que el equipo de desarrollo no sea interrumpido por ningún otro durante los Scrum Diarios, incluso si están invitados a la reunión del Equipo de Desarrollo.

Revisión del Sprint

Al final de un Sprint, el Equipo Scrum debería presentar al cliente un incremento *Terminado* del producto. Esto ocurre durante la Revisión del Sprint, donde están presentes el Equipo de Desarrollo, Scrum Master, Product Owner y las partes interesadas del proyecto. El Product Owner es el responsable de invitar a las partes interesadas necesarias a una Revisión del Sprint.

Idealmente, una Revisión de Sprint debería durar una hora o menos para un Sprint de una semana. El Scrum Master debe asegurarse de que la ceremonia no dure más de lo ideal. El Scrum Master también debe asegurarse de que todos los presentes comprendan el propósito de la Revisión del Sprint.

El Equipo de Desarrollo presenta lo que se logró durante el último Sprint al mostrar el incremento *Terminado* del producto. Las partes interesadas del proyecto, junto con el Product Owner, inspeccionan el incremento del producto y buscan desviaciones de los elementos del Product Backlog. Si se identifican tales desviaciones, se solicitan cambios. Las partes interesadas también pueden solicitar cambios si se han modificado los cambios originales o si encuentran nuevas formas de agregar valor al producto final.

Muchos Equipos Scrum y partes interesadas confunden las Revisiones de Sprint con las reuniones de estado tradicionales. Las Revisiones de Sprint en comparación con las reuniones de estado son muy informales. El énfasis está más en recibir comentarios de las partes interesadas que en presentar el estado y el progreso del proyecto. Sin embargo, la presentación se realiza para que las partes interesadas puedan aportar comentarios.

Durante la Revisión del Sprint, el Product Owner comunica informalmente a los asistentes los elementos del Product Backlog que se completaron en el Sprint. Luego, el Equipo de Desarrollo informa a los asistentes sobre cómo avanzó el Sprint, incluidos los problemas que surgieron y cómo los resolvieron.

Después, el Equipo de Desarrollo presenta el incremento *Terminado* del producto a los asistentes. Por ejemplo, si la función Carrito de la Compra se agregó al sitio web, que es el producto final del proyecto, el equipo de desarrollo presentará la función Carrito de la Compra *Terminada* a los asistentes.

Las partes interesadas y el Product Owner pueden ver que el Equipo de Desarrollo no ha completado el Resumen del Carrito de la Compra durante la presentación. Pueden solicitar que se agregue. Además, las partes interesadas pueden decir que les gustaría mostrar un nuevo tipo de impuesto en el resumen de la compra, lo que puede no ser un requisito acordado anteriormente. Ambos cambios se incluirán en el Product Backlog.

Por lo tanto, es probable que el Product Backlog cambie durante una Revisión de Sprint o como resultado de ella, y que el Product Owner agregue o elimine elementos. La Revisión del Sprint, como resultado, debe proporcionar a los asistentes, especialmente a las partes interesadas, una actualización sobre el cronograma del proyecto, el presupuesto y las capacidades del producto final.

Retrospectiva de Sprint

Scrum, al ser un marco Agile, anima a los equipos a mejorar a medida que pasan de un ciclo de desarrollo a otro. Los Sprints brindan a los equipos oportunidades para mejorar tanto como equipos como individuos. Las ceremonias Scrum que brindan a los equipos la oportunidad de reflexionar sobre su trabajo y mejorar se conocen como Retrospectivas de Sprint.

Las Retrospectivas de Sprint generalmente tienen lugar después de la conclusión de la Revisión de Sprint. También es habitual que la Planificación del Sprint comience una vez que finaliza la Retrospectiva del Sprint. Una Retrospectiva de Sprint no debe durar más de 45 minutos para un Sprint de una semana. Del mismo modo, no debe exceder las tres horas para un Sprint de cuatro semanas. El Scrum Master guía las Retrospectivas de Sprint y se asegura de que no excedan la duración óptima asignada.

Las Retrospectivas de Sprint son atendidas por el Scrum Master, el Equipo de Desarrollo y el Product Owner. El Scrum Master debe asegurarse de que todos los asistentes comprendan el objetivo de las Retrospectivas de Sprint y que la ceremonia sea productiva. También es importante destacar que el rol del Scrum Master es igual al de todos los demás en la ceremonia; sin embargo, él o ella guía la ceremonia.

Las Retrospectivas de Sprint son ceremonias que permiten a los equipos reflexionar sobre cómo fue el desarrollo durante un Sprint. Las actuaciones individuales, así como las herramientas y procesos, se discuten abiertamente para que los equipos puedan encontrar soluciones para evitar la repetición de errores y mejorar. El desempeño colaborativo del Equipo Scrum también se refleja en la Retrospectiva del Sprint. Cualquier solución que se identifique se practicará y aplicará en el próximo Sprint.

El marco Scrum recomienda que el Scrum Master motive al equipo a mejorar continuamente para que los próximos Sprints y los proyectos futuros se desarrollen sin problemas.

Una Retrospectiva de Sprint se aplaza una vez que el equipo ha identificado qué salió mal y qué harán en el próximo Sprint para superar esas dificultades. Sin embargo, depende del equipo decidir cuándo y si implementarán las soluciones identificadas en una Retrospectiva de Sprint, ya que la ceremonia solo tiene como objetivo brindarles una oportunidad para reflexionar y mejorar.

3.4 Artefactos Scrum

Una de las mayores desventajas de la gestión de proyectos tradicional era el gran énfasis que se hacía en la documentación. Agile surgió para reducir la documentación; sin embargo, todavía se recomendaba cierto nivel de documentación para mantener a los equipos y a las partes interesadas informados y sincronizados. Scrum, al ser un marco Agile, implica menos documentación. Los documentos que ayudan a la gestión del desarrollo de productos en Scrum se conocen como Artefactos Scrum.

Pila de Producto o Product Backlog

Este documento es una lista que incluye todos los requisitos y características del producto final. Los elementos de la pila de Producto o Product Backlog se priorizan para que el Equipo de Desarrollo los pueda seleccionar en Sprints de acuerdo a su nivel de prioridad. El Product Owner es responsable de la creación y el mantenimiento del Product Backlog.

Una de las características únicas del Product Backlog es que sigue siendo un *trabajo en curso* hasta el final del proyecto. El marco Scrum abraza el cambio. Por lo tanto, cualquier cambio identificado por el Equipo Scrum o las partes interesadas se agrega al Product Backlog por el Product Owner. Tras cada cambio, la lista se vuelve a ordenar.

Es natural que el Product Backlog sea simple al comienzo de un proyecto. Solo puede incluir requisitos y características de un producto básico. Sin embargo, el Product Backlog evoluciona en paralelo al desarrollo del producto. A lo largo del camino, se agregan a la lista nuevas características, funcionalidades, requisitos, mejoras y correcciones, mientras que algunos elementos también pueden eliminarse.

Por ejemplo, cuando se trata del desarrollo de un sitio web, el Product Backlog solo puede incluir el desarrollo de los elementos básicos del sitio web. Tras finalizar el primer o segundo Sprint puede que el Product Backlog se llene con requisitos más complejos, como las páginas de producto y categoría.

Cada artículo listado en el Product Backlog debe tener una descripción, orden, estimación y valor. Estos incluyen las descripciones que están destinadas a ayudar en las pruebas. Estos elementos pueden actualizarse o eliminarse a medida que se desarrolla el producto y se reciben comentarios de las partes interesadas.

Algunas empresas pueden constar de varios equipos Scrum que trabajan en el mismo producto. Aunque varios productos se desarrollen de forma colaborativa para un mismo producto, solo se mantiene un Product Backlog. Sin embargo, los elementos se pueden agrupar para que los equipos puedan identificar fácilmente los elementos asignados a sus equipos.

Una de las actividades más importantes relacionadas con el Product Backlog es su refinamiento. El Product Owner, junto con el Equipo de Desarrollo, agrega descripciones, niveles de prioridad y estimaciones a los elementos del Product Backlog. El refinamiento del Product Backlog es una actividad continua sobre la cual los Equipos Scrum deciden y actúan colectivamente.

La Guía Scrum prescribe que se debe consumir menos del diez por ciento de la capacidad del Equipo de Desarrollo para el refinamiento del Product Backlog. Sin embargo, el Product Owner puede actualizar el Product Backlog y sus elementos en cualquier momento. El refinamiento del Product Backlog es importante, ya que el Equipo Scrum la usa para comprender el producto final que se está desarrollando.

Además, el Product Backlog se usa para sopesar el trabajo que debe realizarse para alcanzar el objetivo final del proyecto. El Product Owner se encarga del mantenimiento del Product Backlog realizando un seguimiento del trabajo completado y el trabajo pendiente. Estas actualizaciones suelen tener lugar durante las Revisiones de Sprint.

En la metodología Agile y en el marco Scrum el progreso se mide por la cantidad de trabajo que se ha completado. Por lo tanto, el progreso se determina comparando la cantidad de trabajo pendiente entre cada Sprint. Por ejemplo, si quedaban 500 horas de trabajo al final del Sprint anterior y solo quedan 450 horas para el final del Sprint actual, el Equipo Scrum puede decir que el Sprint actual logró 50 horas de trabajo.

La cantidad de trabajo que debe completarse para cerrar el proyecto se calcula de manera similar utilizando el Product Backlog. Por lo tanto, el Product Backlog actúa como un Artefacto Scrum clave y valioso para el Equipo Scrum y para las partes interesadas.

Pila de Sprint o Sprint Backlog

Los elementos del Product Backlog que el Equipo de Desarrollo elige completar en un Sprint se transfieren a la Pila del Sprint o Sprint Backlog. El Sprint Backlog funciona como una guía para que el Equipo Scrum logre el Objetivo del Sprint y lance un incremento de producto *Terminado* al final del Sprint. Por lo tanto, el Sprint Backlog puede verse como una previsión del incremento del producto creado por el Equipo de Desarrollo, detallando lo que se completará en el Sprint y la cantidad de trabajo necesaria para lograrlo.

El equipo de desarrollo usa el Sprint Backlog como guía para los Scrums Diarios. El equipo analiza el estado actual del trabajo mediante la evaluación del trabajo completado el día anterior y procede a hacer planes para el día. Usan el Sprint Backlog para recordar el trabajo que queda por hacer al final del Sprint.

El Sprint Backlog es un *trabajo en curso* similar al Product Backlog. Sin embargo, es el Equipo de Desarrollo el que modifica el Sprint Backlog. Cualquier elemento nuevo agregado como resultado de los cambios es agregado al Sprint Backlog por el Equipo de Desarrollo. Las estimaciones del trabajo que debe realizarse se actualizan en el Sprint Backlog todos los días para que el equipo esté al tanto del progreso que están haciendo para lograr el Objetivo del Sprint.

El Equipo de Desarrollo puede eliminar cualquier elemento del Sprint Backlog que considere innecesario. El Sprint Backlog es un Artefacto Scrum que pertenece al Equipo de Desarrollo. Los equipos lo utilizan a menudo para guiarlos hacia el logro de los Objetivos de Sprint sin perder ningún elemento del Product Backlog que se eligen para completar en un Sprint.

3.5 Un Ejemplo de Scrum

A Pedro se le asigna el rol de Product Owner de un proyecto que pretende desarrollar una aplicación de software. Pedro comienza su trabajo recopilando requisitos y escribiendo casos prácticos después de conversar con el cliente, otras partes interesadas y los arquitectos. Pedro continúa creando el Product Backlog para el proyecto después de completar la recopilación de requisitos y casos prácticos de alto nivel.

Pedro pide ayuda a algunos desarrolladores con más experiencia al crear el Product Backlog, especialmente para priorizar elementos y realizar estimaciones. Al final de la sesión, Peter completa el Product

Backlog con todos los requisitos y casos prácticos recopilados junto con sus prioridades y estimaciones.

Ahora que los casos prácticos de alto nivel se enumeraron en el Product Backlog y se les dio prioridad, Pedro comienza a dividirlos en historias de usuarios más pequeñas. Una vez que ha analizado suficientes historias de usuarios de alto nivel, informa al Scrum Master para la primera ceremonia de planificación de Sprint.

Juan, que es el Scrum Master, informa al Equipo de Desarrollo sobre la ceremonia de Planificación del Sprint. Peter informa al Equipo de Desarrollo sobre el proyecto y continúa presentando los elementos del Product Backlog comenzando con la prioridad más alta hasta la más baja. Luego, los miembros del Equipo de Desarrollo le hacen a Pedro algunas preguntas sobre ciertos elementos del Product Backlog que Pedro aclara.

El Equipo de Desarrollo analiza su capacidad y si tienen la experiencia necesaria para completar el proyecto. Después de comprobar que tienen a los expertos en el equipo y confirmar la cantidad de trabajo que pueden completar durante el Sprint, el Equipo de Desarrollo se compromete a completar las historias 1, 3, 4, 5, 7 y 8 del Product Backlog. Los elementos 2 y 6 no se eligen porque tienen algunos requisitos técnicos que aún no se han establecido. Juan da por finalizada la ceremonia de planificación del Sprint.

Una vez que finaliza la reunión de Planificación del Sprint, Juan le pide al Equipo de Desarrollo que explique cómo pretenden completar los elementos con los que se comprometieron. El Equipo de Desarrollo crea una tabla de tareas que actúa como Sprint Backlog. Se asignan diferentes miembros del equipo para completar las tareas que están en el tablero. No se realizan otras ceremonias Scrum durante el resto del día con el Equipo de Desarrollo realizando su trabajo.

El día siguiente comienza con el Scrum Master, Juan, convocando la primera reunión Scrum Diaria. Juan pide a cada individuo del Equipo de Desarrollo que le haga saber a todos lo que han logrado hasta ahora. A medida que cada miembro del equipo proporciona información sobre el trabajo que se está realizando, Juan actualiza la Tabla de Tareas con estimaciones de las horas restantes para cada tarea.

Luego, Juan pregunta a los miembros del equipo qué planean hacer durante el día. También pregunta si algún obstáculo podría impedirles hacer su trabajo. Los miembros del equipo explican brevemente lo que pretenden lograr durante el día. La mayoría de los miembros del equipo no tienen impedimentos para lograr sus objetivos, excepto Rubén, que parece tener un problema de licencia con una de las herramientas de software que está usando.

Juan pregunta si otros miembros del Equipo de Desarrollo tienen el mismo problema. Al comprobarlo, descubre que María también tiene el mismo problema. Juan les dice que estudiará el asunto. El Scrum Diario finaliza y solo les lleva trece minutos.

Juan llama al administrador de sistemas y le informa sobre el problema de licencia que enfrentan Rubén y María. El administrador de sistemas resuelve el problema rápidamente comprando dos licencias para ellos. Al escuchar que el problema de la licencia se ha resuelto, Juan comprueba que Rubén y María están listos para seguir trabajando sin problemas.

El día siguiente comienza con todo el Equipo Scrum reuniéndose para el Scrum Diario. La reunión avanza bien con los miembros del equipo explicando los progresos realizados el día anterior, sus planes para el día siguiente y Juan actualizando la Tabla de Tareas. Este Scrum Diario solo dura diez minutos.

En unas horas, Carlos se enfrenta a un problema relacionado con una de las historias de usuario. Se dirige a Pedro, que es el Product Owner, para pedir una aclaración. Pedro le explica la historia del usuario a Carlos, quien encuentra la respuesta que estaba buscando. Puede continuar con su trabajo sin problemas.

Los diez días restantes del Sprint de dos semanas progresan sin incidentes importantes. Los Scrum Diarios se llevan a cabo con el Equipo Scrum actualizado con respecto al progreso del trabajo.

El último día del primer Sprint, Juan convoca una reunión de Revisión de Sprint. Juan también invita a Blanca, que representa al cliente para la reunión. El Equipo de Desarrollo ya preparó un ordenador con el incremento del producto *Terminado* para ser presentado en la reunión. Se presenta la última versión a los asistentes.

Pedro, junto con Blanca, sigue la presentación atentamente, y Pedro concluye que los elementos 1, 4, 5 y 7 del Product Backlog se han completado. Sin embargo, el ítem 3 no se completó a tiempo. Por lo tanto, no se incluyó en el incremento de producto que se presentó.

Además, es necesario aclarar el elemento 8, ya que le faltan algunos puntos. Blanca señala que el elemento 5 debe cambiarse ligeramente y Pedro tomar nota. Se levanta la reunión de Revisión de Sprint.

Juan convoca la ceremonia de Retrospectiva del Sprint más tarde, donde el equipo discute las cosas que salieron bien y las que no durante el Sprint. Las razones por las que no se completó el punto 3 se analizan con el equipo discutiendo formas de evitar errores similares en el futuro. Se discuten las razones detrás de la incapacidad del equipo de identificar los puntos faltantes en el elemento 8.

El Equipo de Desarrollo menciona que una de las principales razones de los problemas surgidos en el primer Sprint fue la falta de comprensión de la arquitectura del sistema. Juan le pide a Pedro que aborde este tema. Pedro responde invitando a un arquitecto de sistemas para que explique al Equipo de Desarrollo la arquitectura del sistema. La Retrospectiva de Sprint finaliza con el equipo habiendo identificado las áreas donde necesita mejorar. Pedro actualiza el Product Backlog con nuevos elementos que reunió después de tener una conversación con Blanca. Además, agrega los puntos faltantes de la historia de usuario 8 y actualiza el Product Backlog. También agrega los cambios que solicitó Blanca al punto 5.

Pedro convoca la reunión de Planificación de Sprint la mañana del día siguiente. El Equipo de Desarrollo analiza las historias de usuarios con Pedro y asume algunas de ellas bajo la guía de Juan. La reunión de Planificación del Sprint finaliza y comienza el segundo Sprint. Los Scrum Diarios se llevan a cabo durante los próximos catorce días. Los elementos asumidos por el equipo se completan sin ningún problema.

En la Revisión del Sprint, Blanca solicita algunos cambios, que Pedro actualiza en el Product Backlog. La Retrospectiva de Sprint también concluye con el equipo esperando hacer algunas mejoras menores. Pedro convoca la reunión de Planificación de Sprint para el tercer y último Sprint el mismo día. El Equipo de Desarrollo decide completar todos los elementos restantes del Product Backlog en este Sprint.

El Sprint transcurre sin problemas, con el equipo funcionando bien. Los Scrum Diarios se llevan a cabo de manera eficiente bajo la dirección de Juan, mientras que Pedro está disponible siempre que el Equipo de Desarrollo requiere alguna aclaración. El tercer y último Sprint termina con el Equipo de Desarrollo completando todas las tareas acordadas con éxito.

El producto final se presenta en la Revisión del Sprint. El cliente, Blanca, y el Product Owner, Pedro, están muy satisfechos con el producto final. Juan organiza la Retrospectiva del Sprint para identificar finalmente las lecciones que se pueden aprender del Sprint final. El proyecto está cerrado.

Capítulo 4: El Método Kanban

Kanban, pronunciado "Kamban" en japonés, es un marco Agile que emplea la visualización para comprender mejor los procesos y flujos de trabajo y el trabajo real realizado en esos procesos. Kanban se ha vuelto popular para identificar y gestionar cuellos de botella en los flujos de trabajo para que el trabajo se desarrolle sin problemas a una velocidad óptima.

Kamban, en japonés, significa "cartel" y en chino, "letrero". Estas representaciones visuales se utilizan para indicar la "capacidad disponible para trabajar". Por lo tanto, Kanban es un marco que ayuda a administrar procesos y flujos de trabajo visualizando el trabajo. En última instancia, ayuda a que los procesos logren una eficiencia óptima y se adapten a la forma de pensar Agile.

Aunque Kanban es un marco que se originó en la industria manufacturera, se hizo muy popular en el mundo del desarrollo de software. Desde entonces, se ha utilizado en todos los sectores, especialmente en el pasado reciente. Sin embargo, se han creado muchas interpretaciones erróneas sobre Kanban a medida que ha ido ganando popularidad. Por lo tanto, es importante comprender Kanban correctamente antes de implementar el marco.

4.1 Kanban y Agile

Agile es una metodología de gestión de proyectos que puede considerarse una forma de pensar, donde los proyectos se dividen en porciones más pequeñas y manejables. Equipos autoorganizados y altamente motivados trabajan en esos fragmentos para ofrecer incrementos de trabajo del producto para recibir comentarios de las partes interesadas a lo largo del camino. Los equipos en entornos Agile mejoran de forma regular y continua. La metodología Agile se creó inicialmente para ser utilizada en la industria del desarrollo de software; sin embargo, ha sido adoptada por muchas otras industrias para gestionar proyectos complejos con requisitos cambiantes.

Kanban, por otro lado, es un método o un marco que está de acuerdo con los valores y principios Agile. Muchas empresas encuentran Agile algo difícil de adoptar, ya que requiere entrenamiento y orientación de alguien que tenga conocimiento y experiencia sobre la metodología. Sin embargo, Kanban es similar al marco Scrum, ya que permite a las empresas volverse Agile sin requerir mucha experiencia y conocimientos.

Por lo tanto, Kanban se puede considerar un marco Agile. Tiene muchas similitudes con Scrum, así como sutiles diferencias. Más importante aún, la filosofía central de Kanban es similar a la forma Agile de pensar, al igual que Scrum. Scrum y Kanban utilizan la representación visual del trabajo mediante el uso de una tabla física o una representación digital de un tablero Kanban. El trabajo en un proyecto Kanban o Scrum se puede dividir en tres categorías principales: el trabajo que debe realizarse, el trabajo en progreso y el trabajo que se ha completado.

El método Kanban se basa en el *Tablero Kanban*, que juega un papel vital para ayudar a los equipos a visualizar el flujo de trabajo y el progreso hacia sus objetivos finales. Los equipos pueden comprender fácilmente cómo los diferentes equipos completan las tareas mientras colaboran con el mismo resultado. Cada trabajo en diferentes etapas del desarrollo está representado en el Tablero Kanban.

La representación visual de las tareas y cómo se logran no solo aporta transparencia y claridad a los equipos, sino que también les ayuda a identificar y gestionar cuellos de botella que quizás nunca hayan identificado. El método Kanban también permite a los equipos volver a priorizar el trabajo de acuerdo con las necesidades de sus partes interesadas, lo que se traduce en una mayor satisfacción del cliente. También se anima a los equipos a colaborar y esforzarse por mejorar resolviendo los puntos débiles en sus procesos.

El método Kanban permite más flexibilidad a la hora de seleccionar las tareas que se van a completar en una iteración. Por ejemplo, durante un Sprint, Kanban no tiene un Sprint Backlog donde solo se completan las tareas que están en el mismo. Por lo tanto, los equipos que implementan Kanban pueden trabajar en tareas que se vuelvan más urgentes mientras se encuentran en medio de un ciclo de desarrollo.

El método Kanban fue aplicado por primera vez en el desarrollo de software por David J. Anderson en 2004, casi medio siglo desde sus inicios en Japón. David se inspiró en las obras de Taiichi Ohno, Edward Demmings, Eli Goldratt y muchos otros. Publicó *Kanban: Cambio Evolutivo Exitoso Para su Negocio de Tecnología* en 2010, que se considera una de las guías más completas del Método Kanban.

Kanban pronto comenzó a expandirse a otras industrias. Su enfoque en las mejoras graduales dentro de los equipos que seguían la forma de pensar Agile fue uno de los factores clave de su popularidad. Kanban se utiliza ahora en muchas industrias y sectores, incluida la tecnología de la información, las ventas y el marketing, la contratación, la dotación de personal y las adquisiciones. Los principios del Método Kanban también son tan simples y poderosos que podrían aplicarse a cualquier función comercial.

4.2 Los Orígenes de Kanban

El método Kanban tuvo su origen hace décadas; sin embargo, es ahora cuando está comenzando a ganar popularidad en algunas industrias. El fabricante de automóviles japonés, Toyota, comenzó a optimizar y mejorar sus procesos utilizando un modelo similar al que se usaba para apilar los estantes en los supermercados. El modelo se basa en almacenar una cantidad similar de productos en los estantes de acuerdo con la demanda del consumidor.

Se demostró que la práctica tuvo éxito, ya que los niveles de inventario coincidían con los patrones de consumo. Por lo tanto, a los supermercados les resultó más fácil administrar el inventario. Más importante aún, lograron reducir el exceso de stock en las tiendas que gestionaban. Sin embargo, todos los productos seguían estando disponibles para los clientes cuando los necesitaban.

A principios de la década de 1940, Toyota no estaba satisfecha con el nivel de eficiencia y productividad de sus empresas, especialmente en comparación con sus rivales estadounidenses. Taiichi Ohno, que era empresario e ingeniero industrial de Toyota en Japón, ideó un sistema de planificación muy simple. El sistema tenía como objetivo controlar y administrar el inventario y el trabajo en cada etapa de la producción.

El sistema se llamó Kanban. Al implementar Kanban, Toyota logró aumentar la productividad y reducir los costos relacionados con el mantenimiento de inventarios de materias primas, productos semiacabados y acabados. Kanban controla el flujo del producto desde el proveedor hasta el consumidor. Como resultado, puede ayudar a eliminar muchos problemas costosos, como la interrupción del suministro y el exceso de existencias de materiales y productos durante la fabricación.

Uno de los requisitos básicos de Kanban es el seguimiento continuo. Cualquier proceso que implemente Kanban debe ser monitoreado de cerca y de forma continua para que tenga éxito. Se debe prestar atención para identificar y evitar cuellos de botella que puedan potencialmente interrumpir el proceso de producción.

Antes de la aplicación de Kanban, Toyota se enfrentaba a enormes gastos generales relacionados con los niveles de inventario. No había una correlación sistemática entre sus niveles de inventario y la necesidad de esos materiales para la producción. Kanban introdujo un enfoque visual para superar tales problemas en los que los niveles de capacidad en la fábrica se comunicaban mediante tarjetas Kanban.

Cuando una línea de producción en la fábrica se quedaba sin tornillos y tuercas, se enviaba un Kanban al almacén con una descripción del material necesario, la cantidad necesaria y otros detalles importantes. Luego, el almacén emitiría el número exacto de tuercas y tornillos a la línea de producción mientras enviaba un Kanban a su proveedor para el mismo material y la misma cantidad. Al recibir el Kanban, el proveedor enviaría los materiales al almacén.

El sistema Kanban elimina la necesidad de que la fábrica, el almacén y el proveedor acumulen demasiado inventario. Solo necesitan tener lo suficiente para mantener la producción en marcha. Siempre que se produce un determinado artículo, se envía un Kanban solicitando la misma cantidad para que se puedan mantener los niveles óptimos de inventario para mantener el flujo de producción.

4.3 Principios y Filosofía Kanban

El Método Kanban prescribe varias prácticas y principios que se pueden aplicar a los equipos para mejorar la fluidez de su trabajo. Es popular por ser un método altamente no disruptivo para fomentar mejoras continuas y regulares en los procesos. Los principios y prácticas de Kanban ayudan a las empresas a lograr una mejor fluidez en sus procesos, tiempos de ciclo reducidos, mayor previsibilidad y mayor valor del producto. Por tanto, adoptar el método Kanban es una propuesta muy atractiva para muchas empresas pertenecientes a diferentes sectores.

Principios Kanban

El método Kanban describe varios principios que pueden ser practicados fácilmente por individuos y equipos para disfrutar de los beneficios que ofrece el método. Estos principios son muy simples y fáciles de entender. Además, es poco probable que interrumpan un proceso, lo que los hace muy fáciles de adoptar.

Comenzar con lo que se esté haciendo ahora

Kanban recomienda que las empresas no interrumpan la forma en que se hacen las cosas al adoptar el método. El método considera que tal interrupción es negativa y contraproducente. Los procesos actuales deben dejarse como están mientras Kanban se empiece a aplicar. Los cambios en los procesos se pueden realizar gradualmente a un ritmo con el que los equipos se sientan cómodos.

Aspirar a perseguir cambios incrementales y evolutivos

Hacer cambios radicales en el proceso de un equipo a menudo reduce la productividad durante un período de tiempo considerable. Como resultado, Kanban recomienda realizar cambios incrementales más pequeños. La aplicación de cambios radicales a menudo conduce a la resistencia de los equipos y empleados, lo que hace que todo el ejercicio no tenga éxito.

Inicialmente, Respetar las Funciones, los Títulos de Trabajo y las Responsabilidades Actuales

Metodologías como Agile y marcos como Scrum imponen cambios organizativos y cambios en la forma en que se gestiona el personal. Como resultado, muchas empresas sufren a la hora de adoptar tales metodologías y marcos. Kanban es fácil de implementar, ya que no requiere ningún cambio organizativo.

Los roles existentes, las responsabilidades y la forma en que los empleados actúan en sus roles no se modifican. Por lo tanto, los factores que contribuyen a un buen desempeño se quedan como están. La implementación de Kanban dará como resultado que los miembros del equipo implementen los cambios requeridos por ellos mismos sin la necesidad de hacerlos cumplir desde arriba.

Fomentar Actos de Liderazgo en Todos los Niveles

Kanban, al ser un método Agile, anima a los equipos a mejorar continuamente. El método Kanban no limita las cualidades de liderazgo a puestos o roles específicos. No es necesario tener antigüedad o un rol de gestión para convertirse en un líder cuando se aplica Kanban. Se anima a los miembros del equipo de todos los niveles a compartir sus ideas para que los equipos puedan mejorar de forma colaborativa a medida que avanzan en el trabajo.

4.4 Objetivo de Kanban

El Método Kanban es un sistema de gestión no disruptivo que permite mejorar los procesos mediante pequeños pasos en lugar de cambios radicales. Se utilizan muchos cambios menores para mejorar los procesos sin poner en riesgo los procesos actuales y hacer que los equipos y las partes interesadas se resistan al cambio. Los principios y prácticas en Kanban tienen como objetivo lograr un conjunto de objetivos que son altamente beneficiosos para las empresas.

Flexibilidad en la Planificación

Un equipo Kanban se centra en el trabajo que tenga entre manos en ese momento. No se compromete con un nuevo trabajo hasta que se complete el trabajo en curso. Tan pronto como se completa una tarea, se asume la siguiente del Product Backlog. El Product Owner gestiona el orden de prioridad del Product Backlog y cualquier cambio en el orden de prioridad no afecta cualquier trabajo que esté en progreso.

Siempre que los elementos de mayor prioridad se identifiquen con precisión, el equipo irá asumiéndolos automáticamente. Esto da como resultado equipos que ofrecen el máximo valor a la empresa sin limitarlos únicamente a iteraciones. Las iteraciones a menudo limitan a los equipos a una serie de tareas a las que se comprometen al principio del proyecto.

Por ejemplo, un equipo Scrum se compromete con varias tareas del Product Backlog que se completarán durante el Sprint. Estos elementos se agregan al Sprint Backlog. El equipo no se compromete con más elementos durante el Sprint. Sin embargo, un equipo Kanban no se limita a una determinada lista de elementos. En cambio, se centra en terminar el trabajo en cuestión. Tan pronto como se completa el trabajo, la tarea con la mayor prioridad se toma del Product Backlog. Por lo tanto, el método Kanban ofrece una mayor flexibilidad a la hora de planificar.

Ciclos Más Cortos

Una de las métricas clave para los equipos Kanban es el Tiempo de Ciclo. Se refiere al tiempo que tarda una unidad de trabajo en viajar desde el momento en que comienza el desarrollo hasta que se envía. La optimización del tiempo del ciclo hace que el equipo sea más productivo y les permite pronosticar la rapidez con la que los productos se pueden entregar correctamente. El Método Kanban tiene como objetivo acortar el tiempo del ciclo superponiendo conjuntos de habilidades a través de tutorías y transferencias de conocimientos.

Reducir Cuellos de Botella

Cuantos más elementos estén en progreso, más equipos necesitarán realizar múltiples tareas y más tardarán en completarse esos elementos. Como resultado, el Método Kanban se enfoca en limitar el trabajo en curso. Los límites de trabajo en curso se pueden utilizar para resaltar los cuellos de botella dentro de un proceso, así como las copias de seguridad que generalmente son causadas por la falta de personal y habilidades.

Métricas Visuales

Uno de los valores fundamentales del Método Kanban es esforzarse continuamente por mejorar para que los equipos sean cada vez más eficientes y efectivos. Los equipos responden bien a las métricas visuales, como los gráficos, donde pueden ver mejoras visualmente y estar motivados. Los equipos Kanban utilizan diagramas de flujo acumulativos y diagramas de control como métricas visuales para identificar y eliminar cuellos de botella, lo que resulta en procesos mejorados.

Entregas Constantes

El método Kanban se centra en la entrega continua de incrementos de trabajo de un producto desarrollado. Por ejemplo, cuando un equipo Kanban está desarrollando el software, se concentra en crear código para un elemento en particular, probar el código y lanzar el ítem una vez que está hecho para que el cliente pueda usar la función y proporcionar comentarios.

4.5 Implementación de Kanban

El método Kanban ha ganado popularidad en varios sectores, ya que es fácil de aplicar a procesos y organizaciones. Describe claramente lo que se debe hacer para evitar interrupciones en los procesos y resistencias dentro de los equipos. Las seis prácticas principales explicadas en Kanban tienen como objetivo la implementación exitosa de Kanban sin crear una resistencia negativa que interrumpa el desempeño de los equipos.

El método Kanban tiene como objetivo aumentar el rendimiento del proyecto al visualizar el flujo de trabajo y al mismo tiempo alentar a los equipos a mejorar continuamente. También permite que el cliente se involucre más durante la fase de desarrollo de un proyecto, al igual que en otros marcos Agile. Sin embargo, Kanban también tiene algunas características que son diferentes de muchos marcos Agile.

La mayoría de los marcos Agile presentan iteraciones que duran un cierto período e involucran múltiples tareas. Sin embargo, un ciclo de desarrollo en Kanban es el tiempo que tarda una historia de usuario en pasar por todas las etapas del trabajo en un proceso hasta que se marca como *Terminado*. Por lo tanto, implementar el método Kanban puede resultar complicado para algunas empresas. Es posible que se requiera paciencia y cambios graduales al implementar el método Kanban.

Paso 1: Visualice el Flujo de Trabajo

El primer paso fundamental para adoptar el Método Kanban es visualizar los pasos del proceso que se esté utilizando actualmente para desarrollar un producto o servicio en una empresa. La visualización de los pasos se puede realizar físicamente, con el uso de un Tablero Kanban, o digitalmente, con el uso de una herramienta digital que represente un Tablero Kanban. Los Tableros Kanban que representan diferentes procesos probablemente tendrán aspectos diferentes. Algunos pueden parecer simples, mientras que otros pueden ser muy complejos, dependiendo de los procesos que representen.

Se pueden usar diferentes tipos de tarjetas y colores para resaltar la importancia de diferentes elementos de trabajo. Los Tableros Kanban también cuentan con Swimlanes o carriles, donde cada Swimlane está dedicado a un tipo particular de elemento de trabajo. Sin embargo, el Método Kanban recomienda que las cosas se hagan de manera simple inicialmente mientras se llevan a cabo cambios graduales. Por lo tanto, un solo Swimlane puede representar todo el proceso al principio con la posibilidad de rediseñar gradualmente la representación a medida que los equipos se sientan más cómodos con la visualización de los procesos.

Paso 2: Limitación del *Trabajo en Curso*

Esta práctica anima a los equipos a terminar las tareas que tienen entre manos antes de comprometerse con otras nuevas. Por lo tanto, el trabajo que actualmente está marcado como *Trabajo en Curso* primero debe completarse y marcarse como *Terminado* antes de comenzar un nuevo trabajo. Esta práctica da como resultado el uso eficiente de los equipos. Tienden a completar el trabajo y asumir más trabajo a un ritmo más rápido.

Es normal que los equipos tengan dificultades cuando se trata de determinar inicialmente sus límites en cuanto a la cantidad de trabajo que pueden asumir. Por lo tanto, se recomienda que Kanban se implemente sin límites de *trabajo en curso*. Primero se observa el trabajo en curso, y los límites solo se aplican después de analizar datos sustanciales. La mayoría de los equipos suelen comenzar con un Límite de Trabajo en Curso de entre una y 1,5 veces el número de miembros del equipo que contribuyen a una etapa específica. La introducción de Límites de Trabajo en Curso en las columnas del Tablero Kanban ayuda a los miembros del equipo a terminar lo que tienen entre manos primero antes de comprometerse con un nuevo trabajo. Además, también proporciona transparencia, ya que las partes interesadas, incluido el cliente, pueden ver que la capacidad del equipo es limitada. Esto los anima a planificar sus solicitudes y gestionar sus expectativas.

Paso 3: Administrar el Flujo

Una vez que se implementan las dos primeras prácticas, comienza la gestión y mejora del flujo. Es una práctica difícil de implementar y también debe hacerse con cuidado. Ahora que se ha definido el flujo de trabajo y se han establecido cuidadosamente los Límites del Trabajo en Curso, debería haber un flujo de trabajo fluido dentro de esos límites o el trabajo debería comenzar a acumularse. El flujo de trabajo debe ajustarse para optimizarlo, según cómo fluya tras aplicar los dos primeros principios.

Una de las formas clave de lograr este objetivo es observar cuidadosamente el flujo de trabajo para identificar los cuellos de botella. Se debe prestar atención a las etapas de espera intermedias donde se entregan los elementos de trabajo que están marcados como *Terminados*. Reducir el tiempo que los artículos *Terminados* están estacionados en estas etapas intermedias de trabajo da como resultado la eliminación de cuellos de botella y la reducción del tiempo de ciclo.

A medida que se realizan mejoras gradualmente, los equipos comienzan a realizar el trabajo de manera más fluida y predecible. Cuando mejora la previsibilidad, es más fácil asumir compromisos con los clientes y sus solicitudes sin correr el riesgo de decepcionarlos. Mejorar la precisión de las previsiones en cuanto a los tiempos de finalización del producto es una de las principales ventajas que ofrece el método Kanban.

Paso 4: Hacer Explícitas las Políticas de Proceso

Al igual que los procesos se visualizan explícitamente, el Método Kanban recomienda que las políticas o reglas y las pautas se hagan explícitas. Estas políticas deciden la forma en que trabajan los equipos, y la elaboración de reglas y directrices anima abiertamente a todos los que participan en esos procesos a trabajar de la misma manera. Sabrán trabajar en cualquier situación de acuerdo con las reglas y pautas acordadas.

Los procesos pueden tener diferentes políticas en diferentes niveles o etapas. Pueden existir en Swimlanes específicos o columnas específicas. Pueden incluir una lista de verificación que dicta los criterios de entrada o salida de una determinada columna. Hacer políticas inequívocas ayuda a que los procesos funcionen sin problemas y sin irregularidades. Por lo tanto, las políticas deben hacerse explícitas y representadas visualmente en el Tablero Kanban para cada Swimlane y columna.

Paso 5: Implementar Circuitos de Retroalimentación

Cualquier buena metodología, marco o sistema pone énfasis en los circuitos de retroalimentación. El método Kanban ayuda a las organizaciones a implementar diferentes tipos de ciclos de retroalimentación. Estos incluyen la revisión de diferentes etapas en el flujo de trabajo, informes y métricas, así como pistas visuales que brindan retroalimentación sobre el flujo de trabajo que debe implementarse. La retroalimentación debe realizarse pronto, especialmente cuando las cosas no van bien, para que se puedan realizar mejoras. Los ciclos de retroalimentación son fundamentales para realizar esas mejoras y ofrecer un producto o servicio satisfactorio al cliente.

Step 6: Mejorar Colaborativamente y Evolucionar Experimentalmente Mediante el Uso del Método Científico

El Método Kanban permite a las empresas mejorar gradualmente sus procesos y flujos de trabajo sin plantear dificultades a los involucrados en los procesos. Se fomenta el uso del método científico para realizar esas mejoras y evolucionar a través de la experimentación. Primero se forma una hipótesis, seguida de pruebas. Luego se realizan cambios de acuerdo con los resultados de esas pruebas.

Cuando se implementa el Método Kanban, es necesario que haya evaluaciones y mejoras continuas basadas en esas evaluaciones. El sistema Kanban facilita la experimentación, ya que proporciona señales para ayudar a los equipos a descubrir si un cambio los está ayudando a mejorar.

Chapter 5: Lean Thinking

La mayoría de las empresas que han estado en funcionamiento durante algunas décadas o incluso más, aún siguen usando los mismos procesos y configuraciones que se implementaron hace décadas. Es posible que algunos procesos no se hayan modificado desde que la empresa inició sus operaciones. Muchos dueños de negocios creen que pueden usar el mismo proceso durante décadas simplemente porque funciona. Y a simple vista esto puede parecer cierto. Después de todo, ¿por qué arreglar algo que no está roto?

Sin embargo, el problema con este enfoque de seguir usando los mismos procesos de hace décadas es que el mundo de los negocios evoluciona continuamente. Puede haber casos puntuales en los que dejar los procesos como están sea la opción más inteligente. Sin embargo, en general, la mayoría de las empresas necesitan evolucionar junto con el mundo al que pertenecen.

Tomemos como ejemplo el sector hotelero. Es posible que alguien decida alojarse en un hotel sin haberlo planificado de antemano, haciendo el registro en la recepción, donde se llevará a cabo toda la recopilación de detalles, pagos, depósitos de seguridad, opiniones de clientes anteriores y quejas. Hace décadas, era una tarea exclusiva de la recepción llevar a cabo todos esos trámites. Hoy en día, la recepción aún es capaz de manejar todas esas tareas. Incluso puede manejar una cantidad mayor de tareas mucho más rápido en comparación con años atrás. Sin embargo, la mayoría de esas tareas ya no llegan a ser tramitadas en la recepción.

La mayoría de los clientes buscan hoteles en Internet. Pueden proporcionar algunos o la mayoría de sus detalles al hacer una reserva, y también pueden pagar por adelantado electrónicamente. La mayoría de los clientes dejarán comentarios y quejas en línea después de su estadía. Por lo tanto, la recepción se ha vuelto menos importante; sin embargo, es capaz de hacer las cosas tal como las hacía hace décadas.

Imagínese que un hotel decidiera confiar únicamente en el personal de la recepción como en los viejos tiempos solo porque funciona. Imagine un hotel que no ofrece reservas, pagos, reseñas y quejas en línea en los tiempos modernos. Lo más probable es que la mayoría de los huéspedes ni siquiera conozcan el hotel.

Por lo tanto, la mayoría de las empresas necesitan evolucionar junto con el mundo, la industria, la tecnología y el comportamiento del consumidor para seguir teniendo éxito. La competencia sigue aumentando y nuevos jugadores entran en los mercados con soluciones innovadoras. Las empresas que han existido durante mucho tiempo necesitan desafiarse continuamente a sí mismas para mejorar y ajustar sus procesos.

La Gestión Lean se centra en reducir y eliminar el desperdicio. Varias industrias han utilizado las enseñanzas y filosofías Lean desde la industria manufacturera hasta la industria del desarrollo de software. Las empresas han podido aumentar la productividad, eliminar el desperdicio y mejorar la calidad utilizando la Gestión Lean. Sin embargo, el mundo empresarial aún está empezando a descubrir el verdadero valor y el poder del Pensamiento Lean y la Gestión Lean.

La Gestión Lean reduce el desperdicio y se centra en agregar valor a los productos y servicios que se están desarrollando. Por lo tanto, Lean es un conjunto de herramientas y técnicas que se pueden utilizar para reducir el desperdicio y agregar valor a diferentes procesos. Sin embargo, debe tenerse en cuenta que la definición de Lean puede variar levemente según la industria, el país, la región o incluso la empresa en la que se implementa. Por ejemplo, Lean se considera una mentalidad o una forma de pensar en lugar de un conjunto de herramientas y técnicas.

Historia de Lean

Cuando se trata de los orígenes de Lean, mucha gente piensa en Toyota. Sin embargo, debe tenerse en cuenta que las raíces del Pensamiento Lean se remontan a la Venecia del siglo XV. El concepto de Lean fue utilizado con éxito en la fabricación por Henry Fort en 1799. Eli Whitney también introdujo el concepto innovador de piezas intercambiables el mismo año.

En 1913, Henry Ford tuvo la idea de experimentar con el flujo de producción en la aplicación de piezas intercambiables. El propósito era estandarizar el trabajo. Sin embargo, el sistema de Ford tenía un uso limitado, ya que carecía de variedad. Solo era aplicable a una especificación. Sin embargo, se había dado un paso importante.

Shiego Shingo y Taiichi Ohno, que trabajaban para Toyota, inventaron el sistema de producción Toyota en la década de 1930. Shiego Shingo y Taiichi Ohno se inspiraron en la teoría de Henry Ford sobre el flujo de producción. Los sistemas de Toyota tenían como objetivo reducir el coste de producción, mejorar la calidad de los productos y mejorar los tiempos de producción para cumplir con los requisitos dinámicos del cliente.

John Krafcik introdujo por primera vez el término "Lean" en uno de sus artículos en 1988, titulado "Triunfo del Sistema de Producción Lean". El artículo explica cómo se utilizó la producción Lean en varias plantas para lograr niveles de calidad y productividad más altos en comparación con los procesos de fabricación tradicionales.

También destacó que la tecnología que se estaba utilizando en diferentes plantas no afectó a los niveles de rendimiento. Además, Krafcik señaló que cualquier riesgo asociado con la implementación de Lean podría reducirse mediante una mejor capacitación, flexibilidad en la fuerza laboral, diseños de productos fáciles de construir, productos de alta calidad y una red eficiente de proveedores.

El Pensamiento Lean pronto se hizo popular en la industria manufacturera. Recientemente, se ha utilizado en el desarrollo de software con gran éxito. Además, Lean se ha extendido a varios sectores, incluido el cuidado de la salud, con un número creciente de empresas que comienzan a utilizar prácticas Lean.

5.1 Principios Lean

Lean describe cinco principios que actúan como marco para ayudar a las empresas a mejorar la eficiencia y la eficacia de sus procesos. Lean ayuda a los gerentes a identificar ineficiencias en sus procesos que no ofrecen ningún valor al cliente. El Pensamiento Lean anima a las empresas a crear mejores flujos de trabajo en los que la mejora continua forma parte de la cultura. Una empresa puede ser altamente competitiva, aumentar el valor ofrecido a los clientes, disminuir los costos de producción y aumentar las ganancias al practicar los cinco principios Lean.

1. Definir el Valor para el Cliente

Es importante comprender lo que es el valor para comprender el primer principio del Pensamiento Lean. El valor en el Pensamiento Lean se refiere al valor del producto por el que el cliente está dispuesto a pagar. Por lo tanto, es importante comprender los requisitos exactos del cliente. Algunas características pueden agregar valor al producto. Sin embargo, es posible que el cliente no esté dispuesto a pagar por esas funciones por diversas razones.

Es posible que el cliente no comprenda el valor de esas funciones. Es posible que no tenga el presupuesto. Independientemente del razonamiento detrás de la falta de voluntad de un cliente para pagar por una función que puede agregar valor a un producto, es importante comprender qué valoran los clientes y qué no; no hacerlo da como resultado altos costos de producción y menores ganancias.

Por ejemplo, se puede desarrollar una cámara con una función que permite al usuario cargar un video en YouTube con solo presionar un botón. Sin embargo, es posible que la mayoría de los clientes no estén dispuestos a pagar más por dicha función. Por lo tanto, agregar esa característica al producto puede no ser rentable; sin embargo, seguramente es útil y conveniente.

2. Mapear el Flujo de Valor

Este principio se centra en identificar las actividades que contribuyen a los valores relacionados con la definición de valor del cliente. Se considera desperdicio cualquier actividad que no contribuya a ofrecer valor al cliente. Estas actividades se dividen en dos categorías en Lean: sin valor, pero necesarias, y sin valor e innecesarias.

Una empresa debe intentar reducir el primero lo máximo posible. Sin embargo, las actividades innecesarias y sin valor deben eliminarse, ya que son puro desperdicio. La reducción de la primera categoría y la eliminación de la segunda generalmente conduce al desarrollo de un producto que coincide con el valor que el cliente está dispuesto a pagar.

3. Crear Flujo

La eliminación de actividades que se consideran desperdicio y la reducción de actividades que no agregan valor, pero son necesarias pueden alterar los procesos de manera diferente. Por lo tanto, es importante garantizar el flujo del resto de los pasos para que no haya retrasos o interrupciones en un proceso. Las actividades que se pueden utilizar para crear flujo incluyen la reconfiguración de los pasos de producción, el desglose de esos pasos, hacer que la carga de trabajo sea más uniforme, la creación de departamentos multifuncionales y la capacitación de empleados versátiles y con múltiples habilidades.

4. Establecer el Pull o Tiro

Uno de los mayores desperdicios en cualquier sistema de producción es el inventario. Este principio tiene como objetivo limitar el inventario y los artículos, y que son *trabajo en curso* para que el stock actual de materiales y recursos permanezca disponible para un flujo de trabajo fluido. Este principio anima a las empresas a desarrollar productos en el momento en el que se necesitan y en las cantidades exactas que se necesitan.

Los sistemas basados en el "Pull" o tiro, utilizan las necesidades de los clientes para dirigirlos. Se determinan las necesidades exactas del cliente y se sigue el flujo de valor hacia atrás a través del sistema de producción. Garantiza que los productos que se desarrollen satisfagan las necesidades de los clientes en lugar de desperdiciarse.

5. Perseguir la Perfección

La aplicación de los primeros cuatro principios reduce y elimina el desperdicio. Sin embargo, el quinto principio se considera el más importante, ya que anima a las empresas a perseguir la perfección. El Pensamiento Lean no anima a las empresas a relajarse una vez que logran un flujo fluido con un mínimo de desperdicio. En cambio, anima a las empresas a cultivar una cultura en la que los equipos busquen continuamente formas de mejorar. En ese entorno, los empleados buscan activamente la perfección en sus actividades. La empresa, sus equipos y empleados continúan aprendiendo con sus procesos, mejorando y evolucionando poco a poco cada día.

5.2 Los Ocho Desperdicios de Lean

Lean es una forma de pensar centrada en eliminar los desperdicios de los procesos y agregar valor a los productos. Por lo tanto, es importante comprender qué se considera desperdicio en Lean. Lean define el desperdicio como cualquier paso en un proceso que no agrega ningún valor al cliente. En pocas palabras, el desperdicio es un proceso que el cliente no encuentra útil o no está dispuesto a pagar.

1. Transporte

Los desperdicios producidos durante el transporte incluyen el movimiento de trabajadores, herramientas y equipos, inventario y productos más allá de lo necesario. El movimiento innecesario a menudo puede provocar daños y defectos en las herramientas, materiales y productos, lo que pone a los trabajadores en riesgo de lesiones. También resulta en trabajo innecesario, agotamiento y desgaste.

El desperdicio en el transporte se puede reducir colocando a los trabajadores que forman parte de un mismo proyecto cerca unos de otros. Los trabajadores también deben poder acceder fácilmente a los materiales y herramientas necesarios para la producción sin tener que desplazarse innecesariamente. Se debe eliminar la manipulación doble o triple de materiales. Muchas empresas utilizan la planificación adecuada de las líneas de producción, utilizando líneas de producción en forma de U, mejorando el flujo entre procesos y evitando la sobreproducción de artículos de trabajo en curso.

2. Inventario

Muchas empresas rara vez piensan en el exceso de inventario como desperdicio. En un sentido financiero, las compras a granel permiten que las empresas tengan derecho a descuentos, mientras que el inventario se considera un activo en contabilidad. Sin embargo, tener más inventario de la cantidad necesaria para mantener un flujo constante de trabajo generalmente conduce a varios problemas, incluidos materiales dañados, defectos del producto, mayor tiempo de entrega, gasto innecesario en inventario y problemas no identificados ocultos en el inventario.

El desperdicio de inventario puede ser muchas cosas dependiendo del negocio. En un entorno de oficina, pueden ser archivos que están esperando para trabajar en ellos o registros en una base de datos no utilizada. Las máquinas rotas, los productos terminados adicionales y los materiales adicionales que ocupan el espacio de trabajo se consideran desperdicios de inventario en la fabricación. Los desperdicios de inventario se pueden reducir comprando solo materias primas cuando sea necesario, comprando las cantidades requeridas, reduciendo los búferes y creando colas para eliminar la sobreproducción.

3. Movimiento

Cualquier movimiento de personas, maquinaria y equipo que se considere innecesario es movimiento desperdiciado. Incluye caminar innecesariamente, movimientos de todo tipo y movimiento físico para alcanzar a otros trabajadores, herramientas y productos. Las tareas que pueden implicar mucho movimiento pueden rediseñarse para que el movimiento innecesario se reduzca tanto como sea posible prestando mucha atención a las normas de salud y seguridad.

En un entorno de oficina, el movimiento desperdiciado incluye actividades como buscar archivos, caminar hacia un armario que almacena archivos, clics innecesarios del mouse e ingresar datos dos veces. En la fabricación, actividades como alcanzar materiales y herramientas, caminar para acceder a materiales y herramientas y reajustar componentes después de la instalación son ejemplos de movimiento desperdiciado.

El movimiento desperdiciado se puede reducir significativamente rediseñando y organizando las estaciones de trabajo, colocando adecuadamente los equipos cerca de los trabajadores que los necesitan y colocando los materiales en posiciones ergonómicas para que no sea necesario alcanzarlos.

4. Espera

Cualquier espera innecesaria se considera un desperdicio. Incluye a los trabajadores que esperan materias primas y equipos, maquinaria y equipos que están inactivos y trabajadores que esperan que otros trabajadores terminen el trabajo. Las estaciones de producción desniveladas y las fallas en los procesos a menudo causan tales desperdicios. En un entorno de oficina, la espera de desperdicio puede ocurrir mientras los trabajadores esperan los correos electrónicos de sus compañeros de trabajo, mientras los trabajadores esperan que se revisen los archivos y el tiempo perdido en reuniones ineficaces e innecesariamente largas. El desperdicio de la espera se puede reducir rediseñando los procesos para que haya un flujo continuo, igualando las cargas de trabajo al estandarizar las instrucciones de trabajo y el desarrollo de trabajadores polivalentes que puedan adaptarse rápidamente a las demandas del trabajo.

5. Sobreproducción

Cuando un producto o parte de un producto se desarrolla antes de que sea necesario, el resultado es un desperdicio de sobreproducción. Las empresas a menudo se ven tentadas a producir productos adicionales para que estén disponibles cuando sea necesario. Pueden verlo como beneficioso, ya que los trabajadores y la maquinaria rara vez se dejan inactivos.

Ese tipo de producción es causado por el pensamiento "por si acaso", que es lo opuesto al Pensamiento Lean. La sobreproducción da como resultado un aumento en los costos de almacenamiento, los defectos no se identifican debido a la gran cantidad de trabajo en curso, lo que impide un flujo de trabajo fluido y un mayor tiempo de entrega.

En un entorno de oficina, hacer copias adicionales de archivos, la creación de informes que no sirven a un propósito o no interesan a otros, proporcionar información y detalles innecesarios y hacer un servicio disponible antes de que el cliente esté listo son desperdicios de sobreproducción. Asegurarse de que la tasa de fabricación sea uniforme entre estaciones (flujo de una sola pieza o fabricación de lotes pequeños) y el uso del método Kanban para controlar el trabajo en curso generalmente puede reducir el desperdicio de sobreproducción.

6. Sobreprocesamiento

Hacer más trabajo del necesario, agregar componentes innecesarios a los productos y agregar características y pasos en un producto que no son requeridos por el cliente se considera desperdicio de sobreprocesamiento. En la fabricación, el uso de equipos que son innecesariamente costosos, el uso de piezas que tienen capacidades más allá de los requisitos, el análisis innecesario y el reajuste de componentes después de que ya se hayan ajustado son algunos ejemplos de desperdicio de sobreprocesamiento. En un entorno de oficina, la creación de informes con demasiados detalles, los procesos que implican demasiados pasos, el hecho de que personas innecesarias firmen determinados documentos y los formularios innecesarios son ejemplos de desperdicio de sobreprocesamiento.

El desperdicio de sobreprocesamiento se puede reducir al considerar los requisitos de trabajo desde el punto de vista del cliente. El cliente debe tener en cuenta todo ello al diseñar y ajustar procesos y flujos de trabajo. También se debe alentar a los trabajadores a reflexionar sobre si el cliente vería valor en cada una de sus acciones y si el cliente está dispuesto a pagar por su trabajo.

7. Defectos

Los productos que no son aptos para su uso se conocen como defectos. Los defectos generalmente se reelaboran o se desechan. El reprocesamiento da como resultado un desperdicio considerable, ya que se requieren recursos adicionales para llevar un producto a un estado utilizable. Desechar un producto resulta en la pérdida total de tiempo y recursos invertidos en ese producto. Por tanto, ambos resultados son un desperdicio, ya que no aportan ningún valor al cliente.

Los defectos se pueden contrarrestar identificando los defectos comunes en un proceso y abordando esos problemas. Rediseñar los procesos para que no creen productos con anomalías es una de las mejores formas de eliminar defectos. Sin embargo, siempre existe la posibilidad de que se desarrolle un producto defectuoso; por lo tanto, los procesos deben mejorarse para que dichos productos se identifiquen antes de que lleguen al cliente final.

8. Habilidades, el Octavo Desperdicio

El octavo desperdicio definido en Lean no era parte del sistema de producción de Toyota. El octavo desperdicio describe el talento humano no utilizado y mal utilizado. Este tipo de desperdicio suele ocurrir cuando las empresas separan la gestión de los procesos de los trabajadores reales. Los gerentes son responsables de la planificación, el control, la organización y la innovación. Mientras tanto, los empleados deben seguir las órdenes y hacer el trabajo que los gerentes planifican y organizan.

En tales circunstancias, se desperdician la experiencia y el conocimiento de los trabajadores de primera línea y se pierden las oportunidades para mejorar los procesos. Las personas que realmente hacen el trabajo a menudo tienen una mejor comprensión de los procesos implementados y de cómo se pueden lograr. Por lo tanto, es necesario alentarlos a que presenten soluciones y formas de mejorar los procesos en una empresa en lugar de limitarlos a "trabajar".

En las oficinas, los incentivos deficientes, la capacitación y el entrenamiento insuficientes, ignorar los comentarios de los empleados y colocar a los empleados en roles por debajo de sus cualificaciones, habilidades y experiencia generalmente resultan en el desperdicio de habilidades. En la fabricación, las habilidades se desperdician cuando los trabajadores no reciben la capacitación adecuada para operar maquinaria y equipo, no se les proporcionan herramientas adecuadas para realizar un determinado trabajo, y cuando los trabajadores no tienen el nivel de desafío suficiente para mejorar y proponer ideas nuevas para mejorar los procesos.

5.3 Gestión Lean

El Pensamiento Lean se está volviendo cada vez más popular entre empresas pertenecientes a diversos sectores. Como resultado, hay muchas historias de éxito en las que la implementación de Lean ha ayudado a las empresas a reducir el desperdicio y aumentar las ganancias mientras mejora continuamente sus procesos.

FedEx Express

Esta empresa es conocida en todo el mundo por entregar paquetes y correo aéreo. La compañía mantiene una flota considerable de aviones y barcos que ayudan a transportar carga por todo el mundo. El mantenimiento de aeronaves es una de las principales operaciones de FedEx Express que cuesta recursos y espacio.

La recesión mundial de 2008 obligó a FedEx Express a recurrir al Pensamiento Lean en un intento por ahorrar dinero durante esos tiempos difíciles. El intento por reducir el desperdicio y las mejoras continuas puedo haber influido en la decisión de adoptar el Pensamiento Lean.

Antes de implementar la Gestión Lean, las instalaciones de FedEx en el Aeropuerto Internacional de Los Ángeles (LAX) lograron completar catorce C-Checks por año. Los C-Checks son un tipo de controles de mantenimiento de aeronaves. Después de implementar los principios Lean, el equipo de mantenimiento de la misma instalación logró completar treinta C-Checks por año. Antes de la adopción de Lean, el equipo de FedEx necesitaba alrededor de 32.000 horas de trabajo para completar un solo C-Check. Sin embargo, la adopción de las Prácticas Lean redujo este tiempo de manera significativa, y el equipo solo necesitó un promedio de 21,000 horas de trabajo por C-Check.

Una de las razones clave detrás de los cambios drásticos fue la identificación de hitos. El equipo identificó 68 hitos que debían completarse para completar con éxito un C-Check. Hacerlo les permitió hacer que el flujo de trabajo fuera más fluido y reducir considerablemente el desperdicio.

Nike

La marca de moda deportiva es una de las empresas más populares que se beneficia de la implementación del Pensamiento Lean. Nike se ha beneficiado al adoptar la Gestión Lean y continúa alcanzando nuevos niveles de productividad y reducción de desperdicios año tras año gracias a ello.

El año 2012 fue un año especial para Nike, ya que lanzó su primer Resumen de Desempeño Empresarial Sostenible para el año fiscal 10-11. Fue el primer Índice de Fabricación publicado por la marca. El año fiscal 10-11 introdujo varios estándares de calidad que se pondrían en práctica en las numerosas fábricas de Nike ubicadas en todo el mundo.

Estas políticas y pautas explícitas aumentaron la coherencia entre las diferentes fábricas al tiempo que redujeron las fallas de comunicación y los malentendidos comunes antes del inicio del año fiscal 10-11. Establecer expectativas claras aportó coherencia a los procesos de Nike en todas las fábricas y aumentó el rendimiento general y la calidad de sus procesos. Además, las emisiones de CO_2 de las fábricas se redujeron en un seis por ciento, mientras que la producción aumentó en un veinte por ciento.

5.4 Lean y Agile

Tanto Agile como Lean son métodos flexibles que se centran en ayudar a los equipos a desarrollar productos de alta calidad de forma sostenible mientras se realizan mejoras graduales. Ambos métodos enfatizan en la importancia de proporcionar productos de alto valor para los clientes entregados en iteraciones cortas en lugar de un ciclo de desarrollo único y largo.

Agile y Lean comparten numerosos valores y principios. Sin embargo, Agile y Lean no son lo mismo; aunque muchas personas creen erróneamente que lo son. Por lo tanto, algunos equipos que practican Agile o Lean no tienen una comprensión clara de las similitudes y diferencias entre ambos.

Agile o Lean pueden considerarse una buena influencia; sin embargo, son más beneficiosos cuando se implementan de manera integral. No comprenderlos a menudo conduce a implementaciones fallidas que no producen los resultados que muchas empresas esperan lograr.

Actitud ante Velocidad e Iteración

Los equipos Agile tienen como objetivo entregar software funcional a intervalos regulares. Estos lanzamientos suelen comenzar cuando el desarrollo se encuentra en una etapa temprana. Los lanzamientos tempranos y regulares permiten a los equipos utilizar comentarios valiosos de los clientes y adaptarse a los cambios con facilidad.

La Gestión Lean también tiene un principio similar en el que se alienta a los equipos a entregar resultados rápidamente. Cuanto más rápido un equipo pueda ofrecer valor a sus clientes, más rápido recibirán sus comentarios. La diferencia entre los principios Agile y Lean es que en Lean, los equipos aumentan la velocidad de entrega al limitar los elementos de trabajo en curso. Sin embargo, en Agile, los equipos confían en ciclos de desarrollo más cortos para ofrecer incrementos de productos de trabajo rápidamente.

El Cliente es lo Primero

Ambos, Lean y Agile, animan a los equipos a centrarse en la satisfacción del cliente como uno de sus objetivos principales. Los equipos Agile garantizan la satisfacción del cliente iniciando un diálogo temprano y continuo con los clientes y facilitando cambios que agreguen valor a los productos que se estén desarrollando. Los clientes están más involucrados en el proceso de desarrollo y generalmente terminan recibiendo un producto de gran valor.

Los equipos Lean se enfocan en el cliente brindándole lo que está dispuesto a pagar. Lean considera cualquier cosa que el cliente no esté dispuesto a pagar como desperdicio. Por lo tanto, es probable que los clientes obtengan exactamente lo que piden en lugar de productos a los que les faltan características o características adicionales que no encuentran útiles.

Rol de la Disciplina

Agile recomienda equipos y roles más estructurados en comparación con Lean. Agile se basa en roles definidos, diversas técnicas de estimación, revisiones sistemáticas y muchas otras prácticas de gestión de proyectos. La naturaleza disciplinada de los procesos Agile permite a los equipos desarrollar productos más rápido y adoptar bien el cambio.

Lean se basa en la disciplina, pero de una manera diferente. El Pensamiento Lean tiene éxito cuando se convierte en parte de la cultura de una empresa. Lean no requiere que los equipos mantengan reglas y expectativas externas. Se trata más de que cada individuo y equipo defienda los principios Lean al unísono.

Conclusión

Las metodologías tradicionales de gestión de proyectos que existían en los albores del siglo XXI eran lineales y secuenciales. Estos atributos daban como resultado que los proyectos se retrasaran, mientras que los equipos se veían obligados a lidiar con los cambios identificados posteriormente. La Alianza Agile que se reunió en una estación de esquí en Utah en 2001 publicó el *Manifiesto Agile* que describía cuatro valores y doce principios destinados a resolver los problemas que enfrentaba la industria del desarrollo de software en ese momento.

Los valores y principios Agile se centraban en equipos pequeños, autoorganizados y multifuncionales que trabajaban en pequeños incrementos de productos que permitían a los clientes participar más durante la fase de desarrollo de un proyecto. A los clientes se les proporcionarían incrementos de productos funcionales desde una etapa temprana de desarrollo. Cada incremento regular daría a los clientes la oportunidad de proporcionar comentarios y solicitar cambios.

La filosofía Agile recomienda que los equipos adopten el cambio en lugar de evitarlo. El cambio es inevitable en muchos proyectos debido a fallas en la recopilación y análisis de requisitos y las necesidades de los clientes y del mercado en rápida evolución. Como resultado, una metodología que puede responder al cambio de manera positiva fue bien recibida por la industria de desarrollo de software. Agile pronto se hizo muy popular en las empresas tecnológicas mientras se extendía a otras industrias, desde la atención médica y la construcción hasta el marketing y las ventas.

Si bien muchas empresas se dieron cuenta de los beneficios que ofrecía la metodología Agile, una de las principales razones para adoptar Agile fue la necesidad de experiencia y conocimiento. Los principios y valores Agile eran difíciles de comprender para los equipos, especialmente para aquellos que habían seguido los enfoques tradicionales de gestión de proyectos durante años. Como resultado, surgió la necesidad de marcos Agile con pasos y pautas claros.

Scrum es un marco Agile que permitió a las organizaciones adoptar la metodología Agile sin necesidad de experiencia y conocimientos previos. Scrum proporcionó pautas claras sobre cómo formar equipos, roles y responsabilidades específicas del equipo, tipos de reuniones o ceremonias que ayudarían a practicar los valores y principios Agile, y varios artefactos Scrum para guiar la documentación para dirigir equipos hacia los objetivos del proyecto.

Kanban es un método que involucró la visualización de flujos de trabajo y procesos con el uso de Tableros Kanban. El concepto se originó en las factorías del fabricante de automóviles japonés Toyota, mientras que el Método Kanban se introdujo más tarde para que empresas de diferentes industrias pudieran utilizarlo para mejorar el rendimiento del equipo con la visualización de procesos y flujos de trabajo. El Método Kanban tiene muchas similitudes con la metodología Agile, incluido el esfuerzo por lograr mejoras continuas dentro de los equipos y procesos, entre muchos otros.

El Pensamiento Lean es otro enfoque que tiene muchas similitudes con los valores y principios descritos en la forma Agile de hacer las cosas. Sin embargo, Lean y Agile no son la misma metodología o enfoque. Lean se centra en lograr una productividad y un valor del producto óptimos reduciendo y eliminando el desperdicio en los procesos. Lean identifica ocho tipos de desperdicio junto con cinco principios que guían a los equipos para reducir y eliminar desperdicios mientras realizan mejoras graduales en la forma en que trabajan de manera continua.

La metodología Agile ha ayudado a muchos equipos a lograr los objetivos del proyecto a través de una verdadera colaboración. Su apertura al cambio la ha convertido en una de las mejores metodologías para proyectos con requisitos variables y necesidades cambiantes. Scrum es un marco que guía a los equipos que están dispuestos a adoptar valores y principios Agile. Del mismo modo, Kanban y Lean son métodos que pueden garantizar un flujo fluido de procesos al tiempo que eliminan el desperdicio y los cuellos de botella.

Todas estas metodologías, marcos y enfoques ofrecen diversas ventajas y desventajas para las empresas. Algunos de ellos pueden ser más o menos adecuados para empresas, equipos y proyectos. Por lo tanto, es importante comprender claramente sus valores y prácticas, de modo que se pueda elegir la mejor metodología o marco para administrar un proyecto.

Vea más libros escritos por Robert McCarthy

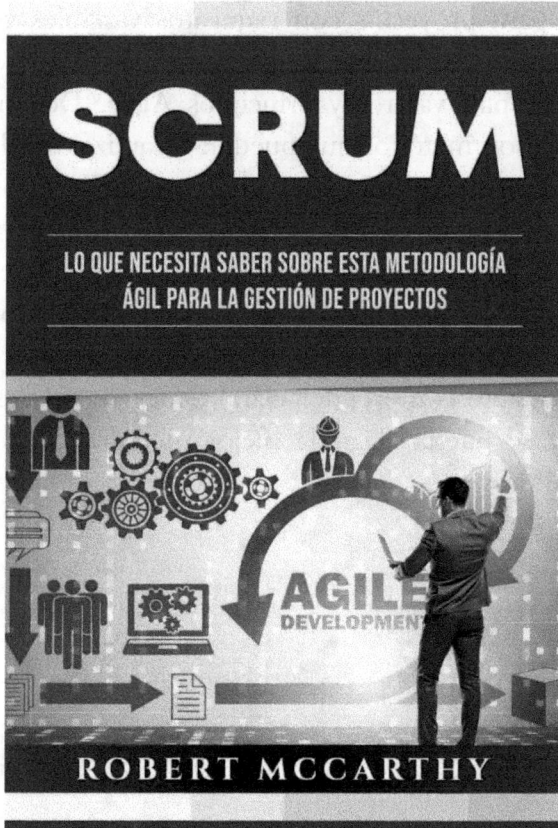

www.ingramcontent.com/pod-product-compliance
Lightning Source LLC
Chambersburg PA
CBHW050644190326
41458CB00008B/2418